聖母文庫

風花の丘

崎濵宏美

聖母の騎士社

目次 ―風花の丘―

ミサでの説教

寄稿文

劇「風花の丘」

日本二十六聖人殉教四〇〇周年記念劇（一五九七〜一九九七）

「風花の丘」

第一幕　一場

場所　ミゲル小崎の家（京都一五九六年春）
人物　ペトロ・バプチスタ神父／ゴンザロ修士／ミゲル小崎／小崎の妻 マリア
　トマス小崎（十四才）／アントニオ（十三才）／マンショ（八才）

ナレーション

「親愛なる皆さん、今日私は、この長崎の殉教者の丘に、この丘を訪れる数多くの巡礼者の一人になりたいと思ってやって参りました。この丘では多くのキリスト信者が、生命(いのち)をいけにえとして捧げ、キリストに対する忠実のあかしをたてました。今日私は、この殉教者の丘で、愛がこの世で最高の価値をもつことを、高らかに宣言したいと思います。」

このメッセージは――一九八一年二月二十六日、雪化粧の美しい西坂の丘で、ローマ教皇ヨハネ・パウロ二世によって発信されたものの一部です。

これから演じる劇は、今からちょうど四〇〇年前、その丘でイエス・キリストのように十字架につけられ、生命(いのち)を捧げて天国へ旅立っていった、二十六人の聖人たちの愛と勇気の物語であります。

（入り口の戸を開けて入ってくる）

トマス　母上ただ今！　弟たちはおばばの所にあずけてきました。

（台所で仕事をしている　割烹着姿）

マリア　ありがとう、ご苦労だったね。ところでおばばの具合はどうでした？　このところ、ちょっと忙しくていけなかったものだから……。

トマス　はい、とても元気そうでした。寒い日はつらいらしいですが、二・三日暖かい日が続いたのであまり足の方も痛まないと言ってました。子守ぐらいは何でもないと思います。

マリア　そう、よかったよかった。マンショはともかくフィリッポはわんぱくざかりだから、手がかかって仕事にならないからね。（トマス　ホーキで掃除を始める）すまないけどもう少しきれいに掃除してちょうだい。今日は初めて我が家にパードレさまをお迎えするので、失礼になるといけませんからね。

トマス　わかりました。母上！　今日来られるパードレさまのお名前は何とおっしゃってましたか母上はご存知ですか。

マリア　うーん……えーと、ペトロ・バブ……バブバブ何とかさまと父上は言っておられたようだけどよくわかりません。もうすぐいらっしゃると思いますから、直接聞いてごらんなさい。あちらの方のお名前は難しくてよく覚えられないのですもの……。

トマス　そうします。

マリア　あなたのお陰で私は助かりますよ。お父上がお留守の時も、弟たちの世話もしてくれるし、おばばのお世話だってこのところずーっとあなたに頼りっぱなしですから。

トマス　あたり前ですよ。来年は私も十五才で大人の仲間入りですから、母上にそんなに言われるとはテレてしまいますよ。

マリア　フッフッフッフ……（うれしそうに微笑む）弟たちもあなたみたいに優しい子どもになってくれるといいんだけど、どうかしらねぇ？

（外からの声）

ミゲル　マリア！　トマス！　パードレさまたちをお連れしましたよ。さ、どうぞ、どうぞ！

バプチスタ・ゴンザロ　こんにちは！　おじゃまします。

バプチスタ　パックス　フィック　ドームイ！（大きな声で）
ミゲル　パードレさま　それはどういう意味でございますか。
バプチスタ　ラテン語のあいさつで、「この家に平和がありますように」という意味です。私たちフランシスコ会の習慣ですよ。
ミゲル　ありがとうございます。さ、どうぞ！
マリア　よくお越し下さいました。どうぞお上がり下さい。
（ミゲル　案内して座らせる）
ミゲル　粗末な家でございますが、今日はゆるりとお過ごし下さい。お腹も空かれたでしょう？
バプチスタ　どうぞおかまいなく。食べるよりも私は皆さんとお話がしたいのです。
あっ、その前にこの子を紹介しときましょうね。長崎からきたアントニオです。将来はパードレになりたいというものですから、しばらく一緒に暮らす予定です。

アントニオ　よろしくお願いします。都(みやこ)に来ることができて夢のようです。

ミゲル　私どもはむしろ長崎にあこがれていますよ。どこからでも海が見える町っていいところでしょうね。

アントニオ　はい。海だけは自慢できます。どうぞお出で下さいご案内します。

（トマス　ニコニコしながらお茶とお菓子を運んでくる）

トマス　どうぞお召し上がり下さい。（手を付き深々と礼をする）

バプチスタ　ありがとう。トマス？　でしたね。いくつになられるかな？

トマス　十四才でございます。（しっかり答える）

バプチスタ　ほう、ではアントニオより一つお兄さんだ。仲良くして下さいね。

「お鼻が高いのね！」

トマス　もちろんです。長崎のことを聞いたり将来のことを語り合うのが楽しみです。

バプチスタ　（ゴンザロを見ながら）頼もしい少年ですね。

ゴンザロ　はい。私は一目惚れしました。こんな少年たちがたくさんいる日本の教会は将来が楽しみですよ。

バプチスタ　まったくです。平戸に上陸してから都に来るまであちこちでお世話になりましたが、礼儀、作法のしっかりした子どもたちばかりで感心しました。ゴンザロ修士の言う通りです。フランシスコ・ザビエルさまの報告書の内容はやっぱり本当でした。作法は言葉を超えたもう一つの美しい言葉ですね。

ミゲル　ほめていただいて恐縮です。ところで太閤秀吉さまは、都に教会を建てる許可を下さったそうですが本当ですか？　十年ぐらい前に出されたパードレさまたちの追放令は取り消されたのでしょうか？

バプチスタ　それはよくわかりませんが、私たちも不思議に思っているんですよ。

九州の名護屋城で拝謁させてもらったときは非常に喜んでおりました。教会だけでなく病院も孤児院でも建てていいと言って屋敷まで提供してくれると約束して下さいました。ありがたいことです。昔、私たちの会の創立者アシジの聖フランシスコがエジプトへ行かれた折り、敵側の王さまと友だちになられたというお話があります。それを思い出しました。私はつまらない人間ですが、聖フランシスコがお守りして下さっていると感謝しているところです。

トマス　アシジの聖フランシスコさまについて一度ゆっくりお話下さい。以前少しだけ聞いたことがあります。何でも……小鳥たちとお話しできたとか……。

バプチスタ　もちろんです。都（みやこ）に落ち着いたら私たちの修道院に遊びに来なさい。いつでもお話ししますよ。

（かけ足で走ってくる子どもらしい足音）

マンショ　母上！　母上！

マリア　まあどうしたのマンショ！　今日はお客さまだからおばばのところで遊んでいなさいと言っておいたのに。一人で帰ってきたの。フィリッポは？

マンショ　あっちだよ！　だってフィリッポもおばばも昼寝してつまらないんだもん。おいらだってパードレさまに会いたかったんだ！

バプチスタ　そうですそうですかわいい坊や、私は子どもが大好きですよ。こっちへいらっしゃい！

マリア　ダメです！

（マンショ　バプチスタ神父の隣に座りジロジロながめる）

マンショ　お鼻が高いのねー。（さわる）

ミゲル　失礼なことをしてはいけません。

バプチスタ　かまわないで下さい。

マンショ　パードレさま、どうして髪の毛が黄色いの？　なぜお目ゝが青いの？

バプチスタ　ねぇどうして？

ゴンザロ　これはまいりました。私の国の人はみんな、こんな色をしているんだよ。どう説明したらいいかなあ！ マンショだったね。あのね、世界中にはねえ、髪の毛や目の色だけでなく、顔の色や体の色が違う人がいっぱいいるんですよ。日本に来る途中で寄ったアフリカというところの人たちは、マンショの髪の毛のように顔も体も真っ黒なんですよ。

マンショ　本当？ どうして？ お風呂に入らないのかなあ！

ゴンザロ　そうだねー。人間を創られた神さまにおたずねしてみないと、本当のところはわからないだろうね。私にはわかりません。

マンショ　じゃね、おいらが神さまに聞いてみる。

（正座して十字を切り手を合わせてしばらく黙っている。皆ニコニコ顔で見ている。）

マンショ　あっわかった!! （大きな声）

トマス　本当？

マンショ　うんあのね、おいらだってさ、夏になると黒くなるでしょ？ 黒い人たちの国はきっといつでも夏なんだ！

皆　なるほど、なるほど（大笑い）

バプチスタ　いや本当です。マンショはとてもかしこいね。いいとこに気づきました。アフリカというところはとても暑くて、冬でも着物はいらないくらいなんです。だから男の人も女の人も腰に少し、毛皮やら布切れをつけているだけなんですよ。

マリア　まあ……。（といって恥ずかしげな仕草をする）

ミゲル　ちょっと（と言って家族を上手に呼び、耳打ちしながら去る）しばらくお待ち下さい。

バプチスタ　いやーすばらしい家族だね。故郷に帰った気がしますよ。これからの私たちの仕事を神さまが祝福して下さっているようですね。

ゴンザロ　本当です。私は殉教する覚悟でやってきましたが、なんだかすばらしい予感がしてきました。

バプチスタ　神さまに感謝しましょう。（手を広げて祈る）
「神さまどうかこの家族を祝福して下さい。子どもたちの美しい心をいつまでも見守り、子どもたちを通してあなたの栄光をこの国にも示して下さい。あなたの愛がこの国のすみずみまで満ちあふれますように。」

ゴンザロ　「アーメン」

バプチスタ　「パーテル　ノステル　クイ　エス　イン　チェーリス……」

（静かな音楽のうちに）幕

第一幕　二場

場所　第一幕 一場と同じ
人物　ミゲル小崎／トマス小崎／マリア／マンショ／レオン烏丸／長谷川右兵衛
　　　前田／他三名、小崎家の近所の人三・四名

ナレーション

一五八七年に出された追放令の正式な取り消しはなかったものの、秀吉は何かにつけバプチスタ神父たちを手厚くもてなしてくれていました。その姿を見て神父たちは、布教活動の全面的な許しがあったものと理解したのです。

そして彼らの活躍はめざましいものがありました。当時の社会で最も悲惨な状態におかれていたライを病んでいた人たちのため病院をつくって世話をし、孤児院の他、一般の方々のための病院も開いて苦しんでいる人たちの友となったのです。信者たちも争って神父たちの手伝いを申し出、人手が余るほどであったといいます。教会からはアンゼラスの鐘が鳴り響き、平和な世界が訪れたかに見えていました。

しかし、それは束の間の平和でしかありませんでした。一五九六年秋、四国の土佐に漂着したサン・フィリップ号に端を発した問題は、秀吉によるキリシタン禁教令と中心人物の捕縛（ほばく）という事態に発展してしまったのであります。

（小崎家に走り込んでくる）

烏丸　ミゲル殿！小崎殿！大変です。大変なことになりました！

（小崎家次々と飛び出してくる）

ミゲル　これは烏丸殿。どうなさいました。

（烏丸　せき込んで言葉が出ない）

ミゲル　水をもて！　早く水を持って参れ！
トマス　はい！（急いで奥に入り水を持ってきて飲ませる）
烏丸　ありがとう！　パードレさまたち六名、今朝ほど役人に連れ去られました。太閤さまのキリシタン禁教令が出されたらしく、どうもただでは済まされないようです。
ミゲル　え!?　そしていまどこに？
烏丸　伏見の奉行所へ連れて行かれました。
ミゲル　キリシタンの禁教令とはどういうことですか。
烏丸　キリシタン衆はいずれ皆殺しになるとかもっぱらのうわさです。
マリア　（ミゲルにすがりつき）どうしましょう　私怖い!?
（トマス　母に近づき肩に手をやり安心させる仕草）
ミゲル　大丈夫、私たちは年貢もちゃんと納めているし、役人の方々に反抗したこともない。まして太閤さまを怒らせるようなことは何一つしてやしない。パードレたちのお陰で病人の方々の世話もしているし、そんな人たちが殺されたことなど今まで一度も聞いたことがない。心配しすぎないことだ！　ただキリシタンの信仰を守っているというだけで殺されるとしたら、神さまのみ心にかなうことだから、私は喜んで殺されましょう。そのようにパードレたちからも教えられていたであろう。いざというときの心構えはしていたつもりだ。ねぇ、トマス。

トマス　はい！　キリシタンの信仰を持っているものは、イエスさまに似た死に方ができることが、一番幸せな人であると私は信じております。母上ご心配なさるな！　ここは神さまにおまかせしましょう。

烏丸　いや～。見上げたものだ！　私は伝道者として教える立場にありながら、突然の出来事に取り乱しておりました。「体を殺せても魂を殺せないものを恐れることはない」というイエスさまのみ言葉を思い出しました。勇気とはこういうときこそ発揮すべきもの。ミゲル殿！　トマス、礼を言いますぞ!!

マリア　大人はわかってても子どもたちはどうなるんです。

ミゲル　私のかわいい子どもたちまで殺すんですか!?

マリア、心配しても始まらないよ。たとえ殺されても苦しみはほんのわずかだ。永遠に続く天国の喜びを思えば耐えられるはずです。これまでも天国へ行ける希望を持って、何よりも信仰を大切にして苦しいときでも頑張ってきたではないか。強く信仰を持ちなさい。

烏丸　その通り、この世は仮の世、私たちの本当のふるさとは神さまの御元にあるという教えを信じましょう。権力を誇っていた信長さまだってはかなく消えてしまいました。この世のすべての出来事は神さまのはからいによるものです。

神様にまかせましょう。

（人が走ってくる気配　馬のいななきも聞こえる）

マリア　あの音は何ですか！　どこかへ逃げましょう！　私は怖い!!（と悲鳴を上げる）

（近所の主婦たち二・三名出てきてマリアの側に立つ）

ミゲル　マリア！しっかりするんだ‼
トマス　母上！怖がることはありません‼
（役人四名現れる）
長谷川　ミゲル小崎の家はここだな？ミゲルはどこだ！
ミゲル　私でございます。
長谷川　神妙にいたせ！太閤（たいこう）さまの命により奉行所へ連行する！（手早く縛（しば）る）
前田　お前もだ！（烏丸も縛る）
トマス　お前もキリシタンだな？首にお守りをつけておろう！
マリア　はい。私もキリシタンでございます。どうぞお縄にして下さい。
トマス　お待ち下さい。このものはキリシタンではございません。（トマスに抱きつく）
母上！
長谷川　何だと！一週間も前からちゃんと調べはついておる。今朝も家族全部で、（十字の印らしき仕草をしながら）キリシタンの念仏を唱えていたではないか。

マリア　何かの間違いでございます!!

長谷川　やかましい!!　我々は命令に従っているにすぎぬ。文句があるなら奉行所へ申せ！

ミゲル　マリアやめなさい！

マリア　（少し落ち着いた声）この先どうなるのでございますか。

長谷川　知らぬ。太閤さまはキリシタンに裏切られたとひどく腹をたてているそうじゃ。太閤さまの気性を考えれば、何人かは死ぬことになるであろう。のう？

前田　はい。間違いないと存じます。さあ、急ぎましょう。あまり時間がございませぬ。

（連れられて出ていく）

マリア　トマス！　違うと言っておくれ！　違うと言っておくれ！

トマス　（泣き声）母上やめて下さい。私は大丈夫です！　母上が幼少の頃より教えて下さったキリシタンの教えに私は命をかけます。後のことは神さまにまかせます。

マリア　あなたはまだ若すぎます。あんまりです。（泣きくずれる）私を見捨てて行ってしまうのですか！

トマス　違います。私がどうして母上を見捨てることなんかできるものですか。ただ神さまに従うだけです。これも母上の教えですよ!!

マンショ　兄上ー!!（あとを追って出ていく）

マリア　トマスー!!　トマスー!!

（マリアの号泣の中）　幕

第二幕　一場

場所　一条の辻

人物　石田三成／長谷川／前田／バプチスタ神父／ルドビコ／◉ゴンザロ修士
◉ミゲル／◉トマス／◉アントニオ／◉烏丸／フィリップ神学生

◉セリフなし

ナレーション

当初、秀吉の命令は「キリシタン全部を捕縛（ほばく）せよ」というものでした。しかし、都（みやこ）の近辺だけでキリスト教徒の数は二千名を超えていたうえ、また神父たちの献身的な姿は人心をとらえて、これぞ本物の宗教であるという評価が定着していたのです。

更に洗礼を受けた大名や武士たちも多く、処刑を命じられた京都奉行石田三成は、秀吉の体面を保つだけの人数にしぼることにしました。結局、フランシスコ会の神父と修道士六名、イエズス会の伝導士三名に、一般信徒十五名を加えた二十四名が捕らえられたのであります。

（石田三成中央の椅子に座り他の役人は立っている、捕縛（ほばく）された二十四名は正座させられている）

長谷川　予定の二十四名全員捕縛（ほばく）いたしました。

石田　ご苦労！　念のため確認せい！

長谷川　は！　名前を呼ばれたら大きな声で返事をせい。

パードレ　ペトロ・バプチスタ

（返事はその場に合うように「はい」「へい」「私でございます」など適当に考える）

パードレ　マルチノ

パードレ　ブランコ
イルマン　フィリッポ
イルマン　ゴンザロ
イルマン　フランシスコ
パウロ　三木
ヨハネ　五島
ディエゴ　喜斎
レオン　烏丸
パウロ　茨木
京都のフランシスコ
京都のトマス
パウロ鈴木
京都のボナベンツラ
京都のマチアス
伊勢のガブリエル

ミゲル　小崎
ヨハネ　絹屋
コスメ　竹屋
ヨアキム　榊原
トマス　小崎
長崎のアントニオ
ルドビコ　茨木
以上でございます。

石田

（ゆっくり話す）

この度、太閤（たいこう）さまより命を受けて、わしがそちたちを処刑することになった。わしはかねてよりそちたちの（神父たちの方を指す）働きに感心しておったところである。

打ち捨てられた者どもや孤児・病人の世話など、都（みやこ）の坊主たちがせぬような仕事を喜んでしておったし、一時は、これが本物の宗教というものじゃと考えておったところである。されど、この度のサン・フィリップ号の積み荷のことを聞き及んで、そちたちを疑うこととなってしまった。そちたちは我々の目をごまかし、ゆくゆくは日本国を征服するための回し者であろう！

バプチスタ　とんでもございません。私たちはただキリストさまの教えを広め、人々を幸せに導き、困った方々や病人たちのお世話をするためだけに日本にやってきたのでございます。

石田　ならなぜ、数多くの武器と一緒にそのものがサン・フィリップ号に乗っておったのじゃ？そのものはそちと同じ宗派の者であろう？（フィリッポを指す）

バプチスタ　たしかにこの者は私と同じフランシスコ会員でございます。ただ、このフィリッポはルソンからメキシコへ行く途中でございました。日本に来る予定ではなかったのでございます。ルソンからメキシコへは年に一度か二度ぐらいしか便はなく、それに積み荷のことなど知ることはありませぬ。

石田　私たちは、どんな武器でも全く関係がありませぬ。

そのような理由では太閤さまを納得させることはできまい。太閤さまはそちたちを手厚くもてなしておったのに、裏切られたとたいそうご立腹じゃ。

バプチスタ　私どもの真意をお伝えするため、どうかもう一度お会いできるよう取りなして下され。お願いでございます。

石田　高山右近殿や小西行長殿らが、すでに何度も太閤さまにお願いしておった。もちろんわしもじゃ。されどあのガンコじじいの耳には届かぬ。今更何を言うても無駄じゃ。覚悟はできていような。

バプチスタ　はい。故国イスパニアを出るときから何時でも生命は捨てる覚悟はできておりました。私は腹切りはできませぬが、打ち首ならすぐにでもどうぞ！　私の首は長いので切りやすいかと存じます。ただ……。

石田　何じゃ？

バプチスタ　偶然が重なって誤解されてしまったことが心残りでございます。

石田　ほう、偶然と申すか。それもそなたがいつも口癖にしておる「何事も神さまの思し召し」（ゆっくり言う）ではないのか！

バプチスタ　その通りでございます。ただ、人間にできる最大の努力をはらうことも重要な役目なのでございます。でももう何も申しますまい。どうぞ心おきなくお役目をお果たし下さい。

石田　ではまず　そちから出て参れ！

（石田三成　前田に耳を切るよう合図する。バプチスタが終わったところで）

石田　次の者！

長谷川　あいや、しばらくお待ち下さい。（といって帳簿を広げ、中を確かめる。）太閤さまは「両耳と鼻を切れ」と命じておられますが？

石田　よい！これでよい！わしが責任を持つ。文句あるか！

（いらだちをかくしきれない感じ）

長谷川　とんでもございませぬ。
石田　首をはねるならまだしも、武士としてはこの方がたまらんのじゃ。わからぬか。これではまるで生殺しではないか！　武士のやることではないわ！（とつぶやく）

（何人かの大人たちは前田がやる）

長谷川　次の者！　そちらの子ども出て参れ！
ルドビコ　はい！
石田　子どもの耳も切るのか？
長谷川　命令でございますから逆らうわけには参りませぬ。
石田　おまえにも同じぐらいの男の子がいたであろう？
長谷川　千代吉でございます。
石田　命令ならば自分の子どもでも切るのか。
長谷川　それはわかりませぬ。されど命令に逆らえば私の首が飛んでしまいます。

石田　子どもたちはわしは知らぬぞ。やりたければお前がやれ！

長谷川　かしこまりました。一人残らずと書いてありますから私がやります。

（三人の少年たちは長谷川が切る。見物人からは「かわいそう！」とか「ひどい！」とか「鬼！」などヤジも飛ぶが一方笑う者もいる）

石田　これにて終りか！

長谷川　全員終りでございます。

石田　では三名ずつ一組にして都中（みやこじゅう）を引き回せ！罪状札（ざいじょうふだ）が先頭じゃ。よいな！行け！

幕

第二幕　二場

場所　木立のある山道
人物　役人 水野／役人 井上／役人 小林／ペトロ助次郎／フランシスコ吉
　　　他バプチスタ神父ら殉教者一行

ナレーション
二十四名の殉教者たちは、一月三日一条の辻での耳そぎの後、三名ずつ八台の牛車に乗せられ、見せしめのため京都の町中を引き回されました。翌四日には大阪で、そして五日には堺を引き回され、九日、また大坂へ連れられて来たのです。
そこで秀吉の新たな命令が出ました。「二十四名を長崎まで陸路を連れていき、十字架にはり付けて殺せ」と。

寒風に痛む傷、刺すような霜柱、冷たい雨にぬかるんだ道、約九〇〇キロに及ぶ長崎への旅は文字通りいばらの道でありました。

水野　ようーし止まれ！姫路まではまだ遠い！ここでしばらく休憩をとる。しゃべってはならぬぞ、静かにいたせ。よいな！

（殉教者たちと少し離れたところに他の二人の役人を呼ぶ）

水野　あやしいやつがつけておる　気づかぬか？

井上　そういえば昨日あたりから、つかず離れず二人の男がついて来ております。いかがいたしましょう。

水野　何か武器は持っているか？

井上　しかとはわかりませぬが、武器は持っていないように見えました。町人風のいでたちと見ましたが。

水野　小林、ちょっとこちらへ参れ！（近くに来てから）そちがこの者どもを連れていけ、一里ほど行ったら待っていよ。ぬかるでないぞ！

小林　かしこまりました。（後ろ手に縛った縄をさわって確認してから）

ようし立って出発じゃ。足音をたてぬように静かに歩け。セキもクシャミもするでないぞ！よいな！

（水野、井上は刀の柄に手をやり木陰に隠れて待つ）

（しばらくすると二人がやってくる。水野、井上は前後に飛び出す）

水野　待て！何者だ名を名乗れ！

（二人は手をあげ反抗の意志のないことを示す）

吉　大工の吉と申します。あやしい者ではございませぬ。

水野　自らあやしい者というヤツがどこにいる。バカ者め、ならなぜつけて来ておる。

井上　貴様は！

助次郎　はい。私はキリシタンでございます。あの方たちと一緒にお連れ下さい。

水野　何？　物見遊山（ものみゆさん）の旅ではないぞ！　何を申しておる？

助次郎　実は、私はパードレさまたちのお世話をしようと思って京都からずっとついて来たのでございますが、どうやらその必要はない様子にございます。パードレさま方の晴れがましいお顔を見ていると、私もあのようになりたいのでございます。どうぞ、私もお縄にして下さいまし！

井上　貴様気でも狂っているのか？　向こうに着けば殺されるんだぞ!!

助次郎　わかっております。

水野　ダメだ!!　これ以上人数が増えると手間がかかるだけだ。悪いことは言わぬ。さっさと京へ帰れ！

助次郎　お願いでございます。（すがりつく）

水野　ならば、いっそここで殺して進ぜよう。（と力を抜く）

助次郎　ありがとうございます。（ひざまづき手を合わせる）

（困ったように水野は刀をおろし、井上と耳打ちする）

井上　ここではまずいと存じます。とりあえず姫路まで同行させてはいかがでしょうか。

吉　私も一緒にお連れ下さいまし。お願いでございます。

（二人はあきれて言葉がでない）

水野　キリシタンはそれほど命を粗末にするのか？　この世の中に命より大切なものはないというのに……。キリシタンの教えはおかしな宗旨ではないか。よくそんなものを命をかけて信じられるものだ。

吉　命は財産よりも、どんな地位よりも大切なことは確かでございます。ただ太閤さまはキリシタンの信仰を守ることは、今後絶対許さないと申しております。

井上　その通りじゃ！

吉　信仰は心、つまり魂の問題でございます。魂は身体と一緒に生きておりますが、身体が死んでも魂は永遠に残ると教えられ、そのように信じております。ですから、命はいつか終わるもの、終わりのない魂の方が大切だと考えております。

吉　わしにはようわからぬ！

水野　永遠になくならない魂が、天国で安らかに生きるために、この世に生きている間に善業をしなければなりません。キリシタンが病人の世話をしたり、困っている人を助けたりしているのは、そのためなのでございます。

吉　ならば悪業をした者の魂はどうなるのじゃ？

水野　地獄で永遠に苦しむのでございます。

吉　ひとは死ねば終わりじゃ！　生き返ったものが一人でもいるか？

井上　イエス・キリストさまだけが一人復活されて、生前のみ教えを証明してくれたのでございます。

吉　そんなものは作り話じゃ、話にならぬ。えーい仕方がない一緒に参れ！　おまえもだ！

水野　（二人に縄をかける）

助次郎・吉　ありがとうございます！

（二人は喜び勇んで歩き出す）

幕

第三幕　一場

場所　三原城牢内
人物　トマス小崎／ミゲル小崎／井上／アントニオ／他数名（殉教者）

ナレーション

かつて、前例のないキリストの囚人たちは、城内の牢（ろう）や急ごしらえの牢で夜を過ごさせられました。わずかな食べ物しか与えられず、空腹に苦しむこともありましたが、最も耐え難かったものは真冬の凍てつく寒さだったようです。

フトンはおろか、彼らが身にまとっているもの以外、ボロ着一枚でさえ与えられることはありませんでした。彼らは折り重なるように身を寄せ合って、シンシンと冷える夜に耐えたのであります。

（薄暗い牢内で、皆死んだように眠っている。役人の井上が一人不寝番をしているが、眠りこけている。トマス起き出して井上に気づかれないようにしながら……）

トマス　父上！　父上！（ゆすって起こす）

ミゲル　何じゃ、どうかしたのかトマス、寒いのか？　具合でも悪いのか？

（トマスの隣に寝ていたアントニオも起きる）

トマス　いえ何ともありません。それは大丈夫です。ただ、母上のことを考えると目がさえて寝付かれないのでございます。あんなに取り乱した母上を見たことがありませんでしたので、今どうしているかと心配でございます。

ミゲル　母上には、おばばさまと二人の弟たちがついておる。もともとしっかり者の母上だから大丈夫だよ。

トマス　でも、キリシタンではないとはっきりおっしゃったんですよ。そのことが一番気がかりです。

ミゲル　母上はお前をとても頼りにしていたから、突然の出来事でもあったし、かわいいお前と別れたくないという一念で、心にもないことを言ったとしか思えないよ。私だって、本当はお前を母上の側においてやりたいという気持ちは重々あるんだよ。その方が安心できるから。

トマス　以前母上に、自分の信仰を公に否定することは大罪になると教えられました。大罪を持ったまま死んだら地獄へ落ちるのでございましょう？

ミゲル　大罪になる条件は知っているね。そのことが大罪であるとよく理解した上で、それを承諾し、実行した場合であったろう？　母上はよく考えるひまさえなかったんだ。愛する息子かわいさに、咄嗟に出た言葉だから気にすることはないよ。女心というか母心が言わせたものだよ。もう寝よう！

もし、仮に罪になったとしても、私たち親子二人が潔く殉教を遂げれば、その家族を神さまが放っておくと思うかい。きっと神さまは、母上に許しを求める機会を与えて下さるはずだ。そんなこともしてくれない神さまだったら、私はとっくに信仰を捨ててるよ。だから安心しなさい。マリアさまだって殺されてゆくイエスさまをながめるという苦しみを体験なさったんだ。きっとマリアさまが母上をお守り下さるよ。本当にもう寝よう！

（ミゲル寝る）

アントニオ　（トマスの肩を抱くように）トマス、お父上のおっしゃる通りだよ。この地球上の全部の親たちのやさしさを集めても、神さまのやさしさにはかなわないと聞いたことがあるよ。おいらはそれを信じている。おいらの両親だって長崎でどんな態度をとるか少し心配なんだ。だからおいらも特にマリアさまにお祈りしてるんだ。明日もつらい旅が待っているから、もう寝よう！　な

トマス　ありがとう、少し安心した。ごめんねアントニオ。

アントニオ　うーん。（寝る）

（しばらくしてトマスまた起きる。そしてそっと役人に近づきローソクを持ってきて、近くにあった箱の上に置き、懐（ふところ）から紙と筆を取り出し手紙を書き始める。時々涙をふきながら……）

トマス　信愛なる母上さま！

神さまのお助けにより、この手紙をしたためます。

パードレさま以下私たち二十四名は、列の先頭を行く制札（せいさつ）にかかれた判決文のように、長崎で磔刑（たっけい）を受けるためここまで参りました。

私のことまたミゲル、父上のことどうかご心配下さいませんように。

私はパードレさまと父上に手を引かれ、一足先に天国へ参ります。

天国ですぐお会いしましょう。お待ちしております。

母上さま、たとえパードレがいなくても、臨終の時には心から罪を痛悔し、イエス・キリストさまの幾多のお恵みを考え、それをお願いしますならば救いを全うすることができます。また、この世のす

劇「風花の丘」

「母上が今どうしているかと心配でございます」

べては夢のごとく消えてしまうことを思い、天国の永遠の幸福をゆめゆめ失うことのないようお心がけ下さい。人が母上にいかなることをしようとも忍耐し、かつすべての人に多くの愛をお示し下さい。それからとりわけ、私の弟マンショとフィリッポに関しては、彼ら二人を異教徒の手にゆだねることのないよう、よろしくお取り計らい下さい。私は母上さまのことを、主イエス・キリストさまにゆだねます。なにとぞ知人の方すべてによろしくお伝えください。母上さま、アダムも神さまに罪を犯しましたが、痛悔と償いを行って救いを全うしました。なにとぞ犯した罪に対しては、完全な痛悔を起こすことを忘れないで下さい。重ねてお願い申しあげます。なぜなら痛悔だけが一番大切だからです。

一月十九日　安芸国　三原の牢獄（ろうごく）より

ナレーション

出すすべもなかったこの手紙は、父親にたくしたものと思われます。後日、十字架上で亡くなった父ミゲルのふところから、血にまみれ涙の跡を残して見つかりました。現在、実物は残っていませんが、複写されたものがローマのバチカン博物館に大切に保存されています。

幕

第三幕　二場

場所　ある集落の通り

人物　越後屋の主人／仏僧／吾作／仁吉／与助／水野・井上ら役人／青年
　　　バプチスタ神父／他見物人数名

ナレーション

大坂を出発してから二十日間の旅で一行は長州に入りました。九州までは後わずかです。しかし、一日三十キロに及ぶ着のみ着のままの旅では、彼らの着衣はほこりにまみれて汚れ、体力は限界に達しようとしていました。いや、もはや限界を超えていたのです。疲れ切った彼らの唇に祈りの言葉を乗せ、足を動かしているものは、神に対する信仰の力でありました。また笑みを絶やさない彼らの顔は、心にみなぎる天国への希望と神と人間に対する愛に支えられていたのでした。風変わりな彼らの姿を見て、沿道の人々は、一部にはののしりと悪口をあびせる者もいましたが、彼らに尊敬を示し、手厚くもてなそうとする人々もまた多く見られました。

見せしめを試みた秀吉の目論見は、むしろ逆効果となったのであります。

（制札を持った役人に続き、殉教者たちがやってきた）

吾作　おい仁吉、与助。見ろ見ろ！　あれは何だ！　何と書いてある？

仁吉　邪宗門と書いてあるが、どんな宗旨だろうか。知っているかい。

与助　いや何のことかさっぱりわからぬ。殺されるというのに皆うれしそうな顔をしているが、気が変になったんだろうか？

吾作　子どももいるではないか、かわいそうだなあ！
年の頃はまだ十二・三歳ぐらいにしか見えぬが……。

仁吉　太閤さまもひどいことをなさるものよのう。

与助　そうだのう！　おい仁吉、ちと声が大きいぞ！

越後屋　何を言っておるこのバカ者どもが!!

吾作　これは越後屋の旦那さま！

越後屋　こやつらは太閤（たいこう）さまにそむいた大罪人じゃ！

仁吉　どんな悪事を働いたのでございますか。

越後屋　修徳寺のお坊さまのお話では、何でも赤ん坊の肉を食べたり、血を飲んだりしているそうじゃ！

与助　それはむごい！　鬼じゃ！　ひどすぎますのう？

越後屋　お坊さまもひどくおこっておったわ！

吾作　精進料理しか食べられないお坊さまが怒るのも、もっともでござるのう！

越後屋　ばかな、そんなことで腹を立ててるのではないだろう。（バプチスタに向かって大きな声で言う）貴様らええ気味じゃ！　この日本には昔からりっぱな宗旨（しゅうし）がある。南蛮の邪教は不用というものじゃ、人心を惑わす不届き者は早く殺されるがよいぞ!!

日本人は、仏様のみ教えをりっぱに守り、皆幸せに暮らしておるわい！のう皆んな？

青年　やい、やい、やい悪徳商人!!

越後屋　何じゃ？誰に言っておる！

青年　お前じゃ！仏さまの教えを守ってるって、笑わせるな！お前に人を非難する資格があるのかよく考えてみろ！

越後屋　悪徳商人とは何だ！お前に言われる筋合いはない。取り消せ！取り消さぬ！

青年　わからんなら言ってやろう。お前はご法度の高利貸しをしてボロ儲けしているではないか。おまけに貧乏人からは借金のかたに娘たちを人質同然にとっておるだろう！俺は知っておるぞ！

越後屋　そんなことはない。うそじゃ！何を証拠に申しておる？人前で空言をぬかしおると出るところに出てやるぞ、よいな！お前たちが証人だ！

（吾作・与助・仁吉を指す）

三人　へい！

青年　ああ、どこへでも出てやろうじゃないか。峠の茶屋のお菊がこの間産んだ子は、お前の子だと本人が言っておったわ。違うか？

越後屋　知らぬ。お菊がお前に話すわけがない！

青年　俺とお菊は、ガキの頃から兄妹のように育ってきた幼なじみじゃ。昨日も父親にたたかれたお菊が泣きながらしゃべっておったわ。あの娘は正直者でウソは言えねえ。特に俺には絶対にウソはつけねえ、生娘を傷ものにしやがって、覚えておけよ！

越後屋　お前は南蛮坊主の味方だな？　後で吠え面かくなよ！

（と言いながら立ち去る）

青年　俺は南蛮の坊主のことはよう知らぬ。ただ生涯独り身をかたく守っておると聞いたことがある。宗旨の中身は全く知らぬが、坊主たちは独り身の方が似合っていると思うがのう？（二・三人相づちを打つ）

仁吉　お前は若いのによく知っておるのう。そう言えばそうだのう。

僧　その通りでござる！

与助　これは栄林寺のお坊さま！

僧　お役人さま、あの方と少しお話をさせて下さいまし。お願いでござる。

水野　少しだけならよかろう。

僧　（バプチスタ神父に近づき深々と礼をする）それがしは、あなたさまの宗旨はよく知りませぬが、何万里も離れた故郷を後にし、しかも言葉も習慣も違う異国に来て教えを説き、独り身で生涯を貫き、信仰を命がけで守る姿に心を打たれました。

バプチスタ　お恥ずかしゅうございます。

僧　僧職にあるもの、もともとは皆独り身でござった。この年になって見ればその方が真実（まこと）かもしれぬと思うのでござるが、それがしにはすでに五人の子どもがいます。今となっては昔に立ち戻ることはできませぬ。どうか、難義の多い道のりだとは存じますが、これなりとはいていって下さい。そしてあなたさまの信仰を潔く貫いて下さいまし。心からお祈りいたします。さあどうぞ！（といってわらじをはかせる）

バプチスタ　かたじけのうございます。ご好意は決して忘れませぬ。ご家族の方々にもよろしくお伝え下さい。皆さんありがとうございます。私に今できることは、皆さんを祝福してあげることぐらいです。

（僧の上に手を広げ祝福を与える。民衆にも十字架の印で祝福する）

吾作　お払いによく似てるな。何となくいい気分だのう？

仁吉　そうよのう、あの南蛮の坊主はいいヤツかもしれんのう。

与助　違う宗旨（しゅうし）の坊さんたちが仲ようするのはきれいなもんだね（他の二人もうなずく）

青年　それにしても、あの越後屋の奴……。

バプチスタ　（青年に近寄り、両手を肩におき）あまりせめないで下さい。せめることより赦すことが大切です。傷ついた娘さんと赤ん坊は、あなたが守ってあげて下さい。きっと幸せになりますよ。生まれてきた子どもには何の罪もありません。頼みますよ！

（バプチスタ神父喜々として歩き出す。いつしか青年も手を振る）

青年　（少し離れてから）わかったよ。がんばれよ。南蛮坊主!!

バプチスタ　ありがとう！

幕

第四幕　一場

場所　唐津の海岸

人物　寺沢半三郎／バプチスタ神父／パウロ三木／ヨハネ五島／ルドビコ小崎トマス／アントニオ／役人／他

ナレーション

関門海峡を越えた一行は、玄界灘（げんかいなだ）に面して道を取り、二月一日には唐津城下に入りました。ここで役人の最後の引継が行われ、長崎奉行の弟寺沢半三郎が処刑の責任者として任命されていたのです。半三郎は一行を迎えたとき、予期せぬ事態に自分の目を疑いました。何と旧友のパウロ三木の姿が飛び込んできたからです。運命のいたずらとでもいうべきであろうか。また、三人の少年たちのいたいけな姿も逆に彼の心を暗くするものでありました。

パウロ　おう！　半三郎さま、お元気で何よりでございます。

半三郎　何と言ったらよいかわしには言葉がない！

パウロ　喜んで下さい。私は幸せでいっぱいでございます。

半三郎　友が死ぬとわかってて、どうして喜べる？

パウロ　私は、私の信ずるところに従ったため殺される故本望でござれば、友人としてそれを喜んでくれるのが当然でございましょう。

半三郎　久方ぶりの再会が、こんなことになっていようとは……。

パウロ　私が喜んでいるもう一つのわけは、私は今、三十三才になります。イエスさまが亡くなられた年齢と同じでございます。しかも、十字架まで一緒だと聞き及ぶにつけ、キリシタンとして、これ以上の誉れはございませぬ。

半三郎　三木殿わしをうらんでいような？

パウロ　めっそうもございませぬ。半三郎さまのためにもお祈りいたします。

半三郎　これも神さまのご計画の一つと、むしろ感謝しておるところでございます。

そこまで言ってもらえるなら、いくらか気も楽になった。それにしても損な役目じゃ……。

（半三郎　別の方に少し歩く、三人の子どもを招く）

半三郎　そちはいくつじゃ？

ルドビコ　はい！十二才になりました。

半三郎　親はどうしておる？

ルドビコ　二人とも死にました。

半三郎　ほう、かわいそうにのう！

ところでお前の命はわしが自由にできる。もし、わしに仕える気があるなら

お前を助けてあげるが、どうじゃ！

お前には親もいない、わしの子どもに

「そちはいくつじゃ?」

してもよいぞ！

ルドビコ　パードレさまに相談します。

半三郎　よかろう。

（バプチスタ神父のところでひそひそ話）

ルドビコ　キリシタンを守ってよいと約束して下さるならお言葉に従います。

半三郎　それはダメだ！　太閤（たいこう）さまの命令にそむくわけにはゆかぬ。信仰を捨てるならよい！

ルドビコ　信仰を捨ててまで生き延びようとは思いませぬ。

半三郎　なぜじゃ！　お前に信仰の意味がわかるのか？

ルドビコ　はい！　永遠の命とこの世の束の間の命と、取り替えられないからでございます。

半三郎　お前は利発なやつだのう。殺すのはおしい！

（半三郎　他の二人に向かって）

半三郎　そちたちはどうじゃ⁉
トマス　私も同じ考えにございます！
アントニオ　俺らも同じでございます！
（半三郎　トマスに向かって質問する）
半三郎　そちに一つたずねるが、永遠の命や天国とやらはどうやってあるとわかる？ 確かめたことがあるのか答えて見よ。
トマス　はい、見たことはございませぬが、信じることはできます。
半三郎　それではごまかしじゃ！ 何とでも言える。そんなあやふやなことに命をかけておるのか。
トマス　寺沢さまに一つおたずねしてもよろしゅうございますか？
半三郎　かまわぬ 申せ！
トマス　先程、パウロ三木さまとは古いお友達とうかがいました。
半三郎　その通りじゃ、二十年も前からの友人である。
トマス　ではお二人の関係は友情で結ばれた間柄（あいだがら）と言えます。その友情を見たことはございますか。太さとか強さとか、いろいろあると存じますが……。

半三郎　うーん、太くて強いとは思っているが見たことはない。されど、出会うだけで体中に喜びを感じるものだ。

トマス　ただ、この度は悲しみの方が大きいが……。

半三郎　感じるだけではあやふやなものでございましょう？

トマス　何を申す！　二人の友情はあやふやなものではない！

実は、天国のことも神さまのことも、同じようなことだと考えております。私は何の疑いもなく信じております。

半三郎　さようか、後でゆっくり考えてみるとしよう。

されど、どうも心底納得がゆかぬ。そちたちの年齢では人生経験もなかろう無理もない。ただ、一途に信じる道を行くことは悪いことではない。

そこの若いヤツ！　こちらへ参れ！

ヨハネ五島　私でございますか？

半三郎　そうじゃ。（五島が近くに来てから）

ヨハネ五島　そちはいくつになる。

半三郎　間もなく二十（はたち）でございます。

ヨハネ五島　どこの生まれじゃ？

半三郎　はい、長崎の西に浮かぶ五島で生まれました。

ヨハネ五島　この子どもたちを助けてやろうと思ったが、この通りじゃ。そちも死にたいのか？

半三郎　いえ死にたいわけではございませぬ。できることなら、せっかくいただいた生命（いのち）を最後まで全うしたいと思っております。

ヨハネ五島　そうであろう。生きたければキリシタンを捨てればいいではないか？

半三郎　そういうわけには参りませぬ。

ヨハネ五島　なぜじゃ

半三郎　人間は必ず死にます。どんなにお金を持っていても、高い地位についても、家族に恵まれていても、いつかは確実に自分の手からはなれてしまいます。つまり、この世の幸せには限りがあります。また、私が長生きできる何の保証もございませぬ。永遠に続く限りない幸せは、イエスさまの教えに殉ずることだと悟りました。ですから信仰を捨てるなどぜったいにできませぬ。

半三郎　キリストの教えは、心の世界のことであろう。心の中だけで信じておればいいではないか。

ヨハネ五島　心の中で信じることは目に見える形で実行しなければ、むしろ嘘偽りになります。自分の心を偽って生きることは死んだも同様と考えております。

半三郎　長崎へ着けば殺されることはわかっていようの?

ヨハネ五島　もちろん存じております。

半三郎　恐ろしくはないのか?

ヨハネ五島　全く怖くないと申し上げれば嘘になります。

半三郎　なのに、そちの気持ちをふるい立たせておるものはいったい何じゃ?

ヨハネ五島　はい。イエスさまのみ言葉と、イエスさまの復活の証人として潔く殉教した弟子たちの姿でございます。

半三郎　信仰を持たぬわしにはよくわからぬが、それにしても惜しい人材じゃ！　このまま大きくなれば、皆りっぱな男になろうものを……。（泣く）

（役人のひとりがやってきて何やら耳打ちし半三郎と急いで出ていく）

バプチスタ　ヨハネ、トマス！　お見事でした。ルドビコも本当にいいんだね。

（皆うなずく）

ルドビコ　パードレさま、天国では何でも好きなことができるのでございましょう？

（他の殉教者もまわりに集まってくる）

バプチスタ　もちろん！　人殺しや他人を不幸にするようなことでなければ何で

もできますよ。ルドビコは天国へ行ったら何をしたい？

ルドビコ　俺らはまず母上と父上に会いたい。父上は俺らが赤ん坊の時死んだから、思い切り背中に飛びついて肩車してもらうんだ。母上は貧乏だったから、ごちそうを腹一杯食べさせてやりたい。ごちそうだってあるよね？

バプチスタ　当然ですよ。山程（やまほど）あります。

ルドビコ　それからマリアさまやイエスさま。俺らの守護の天使にも会いたいなあ！　そして霊名をもらっている、聖ルドビコさまにも会いたい！（ニコニコ目を輝かせて話す）

バプチスタ　ほう、ルドビコは忙しそうだね……でも天国では時間はたっぷりあるから大丈夫ですよ。トマスは何をしたい？

トマス　私はまっ先にイエスさまに会って、母上と二人の弟とおばばを天国へ呼んでくれるように頼みます。四人が天国へ来たら、二人の弟を連れて旅行へ出かけたいなあと思ってます。

バプチスタ　ほうどこへ行くの？

トマス　世界中の国々をまわりたいなあー。まず最初にアフリカ、イスパニア、もちろんローマにも。一日中太陽が沈まない国だってあると聞いたから、そこにも行ってみたい。イスパニアに行ったら、パードレさまの家族に会いに行きます。

バプチスタ　（笑い）ハッハッハッ！　私が先に行ってるかもしれないね。アントニオは？

アントニオ　俺らはねー。あの月に行ってみたいな。太陽にも行ってみたいけど。とても熱そうだから後回しにする。それから一日一つの割合で順番に星の国を見て回るつもりなんだ！

バプチスタ　ほう！　アントニオはロマンチストだね。夢がかなうのはすぐですよ。しっかり頑張ろうね。

ルドビコ　はい！
（他の者もうなづく）

バプチスタ　それでは最後の時、勇気を与えて下さるよう神さまにお祈りを捧げましょう！

（皆ひざまづき手を合わせる）

バプチスタ　「主イエス・キリストよ、あなたは幼児（おさなご）たちを喜んで招かれました。この子どもたちに勇気をお与え下さい。この子どもたちが、あなたの愛に応え、あなたにならって迫害するものをゆるし、祝福することができますように。また子どもたちを捧げてゆく残された家族の上に、あふれる恵みをそそぎ平和をお与え下さい……」

（半三郎と役人二人やって来る）

半三郎　さあ参るぞ！　出立だ急げ！

幕

第四幕　二場

場所　西坂の刑場
人物　バプチスタ神父／パウロ三木／トマス小崎／アントニオ／アントニオの父
　　アントニオの母／寺沢半三郎／役人・群衆多数

ナレーション
　今から遡る(さかのぼる)こと四〇〇年前、慶長元年二月五日、一行はまだ明けやらぬ時津の船着き場に降り立ちました。前夜小船を連ねてそのぎの港を出、大村湾を渡るわずかの船旅でした。海路(かいろ)がとられたのは彼らの消耗しきった体力に配慮してくれたわけではありません。キリスト教徒の多い土地柄を考え、不測の事態を恐れての措置だったのです。

彼らの天国への旅路は終わりに近づいていました。一月三日の京都での耳そぎから数えて三十四日。落伍者を出すどころか二人の仲間を加えた苦しみの道程(みちのり)は、信仰を固め、愛をはぐくむ旅路でもあったのです。泥とほこりにまみれた外見とはうらはらに、彼らの魂は、今や神の国に受け入れられるに十分な美しい装いに彩(いろど)られていました。栄光の勝利は間近であります。

（竹矢来に囲まれた刑場に一行が入ってくる。見物人のざわめきが大きくなる）

アントニオの父親　アントニオ！　アントニオ！　アントニオ！

母親　アントニオ！　こっちへ来ておくれ！　母さんに顔を見せておくれ！

（泣き声）

（半三郎　縛(しば)った縄を切り、行くようにうながす。アントニオ　走って両親のところへ行く）

アントニオ　父上！　母上！

母　まあー。ひどいなりをして！　かわいそうに。さぞやつらかったであろう。

（手を取り頭をなでで泣き崩れる。背中や手もなでる）

父親　アントニオ、考え直してくれないか。お前は私たちのたった一人の息子だ。お前に死なれたら、母上と私はどうやって生きていけばいいの？　お金も財産も全部、今すぐお前にやってもいいんだよ！

アントニオ　父上。お金や財産は泡のように消え失せるもの。俺らは消えない大事な宝をいっぱい天国に積みたいんだ。間もなく完成するから、そう言わないでおくれよ。

母親　母さんは、お前を大事に育ててきました。その母さんの願いも聞いてくれないのかい？

アントニオ　父上、母上には本当に感謝しているから俺らは今の道を選んだんだよ。旅の途中、何度も、何度も何が親孝行かゆっくり考えたよ。そしたら俺らの親孝行の道はこれしかないとはっきりわかったんだ。マカベ兄弟のお母さんのように、どうか喜んで送り出してほしいんだ。ね、お願い！

父親　お前はまだ若い、若すぎる！　これからなんだってできるんだよ！

アントニオ　俺らだってこの世に大きな夢を持っていたよ。だからどっちを選ぶか、何度ももだえ苦しんだんだ。俺らも若すぎると思う。だけどわかってきたんだ。殉教という名誉はこの世でも天国でも、どんな宝にも代えられない宝だということがわかったんだ。俺らには今何の迷いもないから！　父上と母上が信仰を失うことだけがただ一つの心配ごとだよ。

（役人　戻るように合図する）

アントニオ　母上！　天国へ行ったらまっ先にマリアさまに会いに行くからね。十字架上のイエスさまを見守ったマリアさまのように、俺らをしっかり見守っておくれ。そしてお祈りしてよ。もう時間がない！　行くよ。お願い。
さようなら!!

両親　アントニオ！　アントニオー！（泣きじゃくる）

半三郎　ようし皆そろったな？　十字架に縛り付けろ！

ルドビコ　俺らの名前が書いてある！　小さい十字架だね、これで天国へ行くんだね！

バプチスタ　ルドビコ、天国はもうすぐそこだよ！　祝福してあげよう。トマスもアントニオもいいね！

（バプチスタ、パウロ三木と三少年　十字架上にあげられる）

パウロ三木　ここにお集まりのみなさまに一言申し上げます。
私の名前はパウロ三木と申し、生粋の日

「ルドビコ、天国はもうすぐそこだよ！」

本人であります。幼い頃よりキリシタンの教えを信じ、布教に努めて参りました。そのため捕らえられ、今ここに十字架につけられております。みなさま、私の最後の言葉を聞いて下さい。私は太閤さまや日本国に対して何の罪も犯したわけではありません。キリシタンの教えを広めたという理由だけで処刑されようとしています。そのことを私は喜び、神の限りないお恵みと感じております。

私の言葉を信じてください。死に臨んでいる今、どうして偽りを言えるでしょうか。神さまへの道以外に人間を救う道はありません。私はキリストに従いました。主キリストにならって、私も迫害する人たちをゆるします。私に死刑を宣告した秀吉さまもゆるします。そしてここに刑を執行する方々を少しも憎んでおりません。むしろ皆さんのため神の祝福を祈ります。

私の望みは日本人すべての方々が、キリストの教えに帰依することであります。私の流す血が、みなさまの上に豊かな実りをもたらす慈雨となりますように！

トマス　パードレさま歌ってよろしいでしょうか。
バプチスタ　歌いましょう。
トマス　テ　デーウム　ラウダームス
皆　テ　ドミヌム　コンフィテムル……
半三郎　やれ!!（長く）やれー!!
パウロ三木　主イエスよ　この人々を祝福して下さい。この長崎と日本を祝福……。
（首うなだれる）
アントニオ　父上！　母上！　イエスさま、マリアさま！　ヨゼフさま……。
ルドビコ　あ!! 天国、天国！　マリアさま！　イエスさ……
トマス　神さま、私は太閤さまをゆるします！　お役人さまをゆるします。イエスさま　私をゆるして下さい。母上！　ありが

「雪が舞う中の殉教者たち」

とう……。

バプチスタ　主よ、私の魂をあなたにゆだねます。イエス、マリア……。

ナレーション

二十六人が十字架上で息を引き取った時、真冬の暗い空がにわかに晴れて、どこからともなく雪が舞い降りてきました。十字架の下に散った雪は、聖人たちの血に浸されてまたたく間に真っ赤に染まっていきました。春が訪れ、夏が近づく頃まで十字架の上でさらされた二十六人でありましたが、彼らの魂は、やわらかい日差しを浴びて白く光る雪より、さらに美しく輝いて、天の故郷へ帰っていったのであります。

二十六聖人の殉教の物語は史実であります。現在の日本では信教の自由が保障されており、こうした悲劇はおきていません。しかし、暗いいじめや悲しい自殺のニュースが絶えることもないのです。

今、独りぼっちで苦しんでいる少年少女たちは、どうかトマスやアントニオそしてルドビコのことを思い出してください。もし、彼らが今生きているとしたら、君たちにどんな言葉を投げかけてくれるでしょうか。きっと、神さまからいただいたかけがえのない命を、精一杯生き抜いてほしいというに違いありません。なぜなら、天国は自分から生きることをやめたり、逃げ出した人間たちの溜まり場ではないからです。

秀吉によって殺されたこの三人の少年たちも、できることなら愛と希望の青春を思い切り生きたかったのであります。

―完―

参考図書

「日本二十六聖人殉教記・聖ペトロ・バプチスタの書簡」　純心女子短期大学
長崎地方文化史研究所

「長崎への道」二六聖人の殉教史　結城了悟 著　日本二十六聖人記念館

「日本二十六聖人殉教者」　T・オイテンブルク　S・シュナイダー 共著

「二十六の十字架」　谷真介 著　女子パウロ会

「長崎の殉教者」　片岡与弥吉 著　国立国会図書館・角川書店

「日本26聖人物語」　ゲルハルト・フーバー 著　アンジェロ・アショフ 訳　聖母の騎士社

「五島キリシタン史」　浦川和三郎 著　仙台司教館出版部／国書刊行会

月刊「聖母の騎士」　聖母の騎士社

劇「風花の丘」出演者より

「風花の丘」に出演して〔高2　T・K〕

二月二十七・二十八日、「風花の丘」の上演があった。私は石田三成役として出演した。出演して本当によかったと思う。他のキャストやスタッフも全員がそう思っているだろうと思う。

私は前回の劇を見て、出演しようと思ったのだけれど、今回は校長先生が原作者だと聞いて正直心配だった。しかし、とてもうまくまとめ上げられた作品で、大成功のうちに終えることができた。

しかし、すべてが順調だったわけではなかった。セリフ合わせの頃、休む者がとても多かった。そして、その休みぐせが、前田さんや川端さんが来られた時まで、引き続いてしまったようだ。セリフをなかなか覚えてこなかったため、叱咤がとんだこともあった。

演技づけが始まると大変だったけれど、面白くもなってきた。私は石田三成がいい人なのか悪い人なのかがよく分からず、何度も川端さんに聞いた。おかげで自分でも納得いくような演技ができるようになっていった。長谷川役の福原君が、大きな声で堂々とやってくれたので自分も演じやすかった。福原君には本当に感謝している。

女役のマリア石川は、もっと大変だったようだ。一幕一場や、最後の泣きの場面をどうすればよいのかとても悩んでいて、夜の一時二時くらいまで、よく練習したり語りあったりしたものだ。二人で考えた一幕一場の演技が、本番で笑いをとれた時、本当に嬉しかった。(演出家小林太一の誕生の瞬間だった。)

本番が迫ってくる頃、皆が本当に頑張りだして、どんどん良くなっていった。(TV局がよく来るようになったからだという噂がある。)

本番では、私は一日目は足が震えたりして少し満足のいかないところもあったけれど、二日間とも練習の成果が十分に出せてよかったと思う。

幕が下り、客席から大きな拍手が起こっているのをステージの袖で聞いた時「オレたちはやったんだぁ」という気持ちが込み上げてきて何人かと固く握手をした。

二回の公演が終わっての帰り道、寮生と山下君との六人で「モスバーガー」に寄って話をした。「感動した」、「出てよかった」、「去年も出ればよかった」、「まだやりたい」、「終わって少し寂しい……」ｅｔｃ…。皆同じ気持ちなんだなぁと思い、嬉しかった。

こうして私の「風花の丘」は終わったが、この劇は高校生活だけでなく、私の一生の思い出となり、ドーランが付いて少し汚れた書き込みだらけの台本は、宝物になると思う。

私達の学校生活が、多くの方々に支えられているのを、送られてきた着物などこの劇を通じて感じた。

後輩の皆には、次、その次とますます良い劇にしていって欲しいと思う。練習はさぼらず、セリフは早く覚え、大きな声を出す。これが上手になる秘訣だと思う。今回の劇を見て、私のように次回の劇にでようと思った人がいたら、嬉しく思う。まぁわたしたちの素晴らしい劇の後だから、大変ではあると思うけど……。

それにしても助手の前田さんはＰｒｅｔｔｙだった……。

マリアと私　〔高2　M・I〕

「小林さん、今回の劇たぶんダメだろうな。」僕は小林君と劇の練習が始まって間もない頃、このような会話を頻繁にしていたことを覚えている。なぜならば、全員といってよいほど初心者であり、その上ここだけの話（もう時効であろう）サボリが多かったのも理由の一つである。僕も実は一回サボった。病院に行くと言って外出し、ついでに原田知良を見に行った。まあこのように僕自身ダラケていたし、みんなもダラケていたのである。

そうこうしているうちに、本格的な練習が始まり、僕はセリフをあまり覚えてなかったので、練習は恐怖でさえあった。しかし、だんだん慣れ、始めのうちの恥かしさや照れくささが消えた頃、一幕二場で僕は大きな壁にぶち当たった。こういう時に頼りになるのが寮の友、小林君である。彼のおかげでどれだけ助かったかわからない。寮生活の貴重さと幸せを改めて実感した。

この頃からだと思うが、僕の劇に対する考えが、始めの頃のようなものではなく、何というか情熱のようなものへと変わっていったような気がした。それからの練習は苦痛ではなくなり、面白くてしかたがないくらいになっていた。その頃、メイクなどをして写真を撮り本番の時の資料を作る時のこと、広島先生にドーランを塗っていただいていたら、「石川、お前くせになるぞ、こりゃ」とおっしゃったが、むしろ先生の方がメイクをすることがくせになっているように思えた。（言い忘れていたが僕は女性役である。）このような不思議な体験を経ながら、本番は確実に近づいてきた。

二月二十七日、公演当日、会場にいるスタッフの方々や川端さんなどの異様な雰囲気に、キャスト一同みんな緊張していた。五時半開場、僕は舞台のそばのモニターで客入りをチェックしていたが、あまり入りがよくないようで落ち込んでいたが、川端さんのことばが的中し、五分前には満員になってしまっていた。

その直後、僕はすぐに自分の舞台の位置にスタンバイした。やがて会場が暗くなり、プロローグのローマ教皇ヨハネ・パウロ二世のテープが流れ始めた。この間僕は孤独になり、少し不安になったので、それを紛らわすかのように小道具の雑巾で、床を拭く演技を繰り返した。ついに幕が上がった。ナレーションが始まり、それまでまだ、顔を上げられずにいた僕は、思いきって演技っぽく体を上げた。すると、さっきのリハーサルでは、ただの座席であったのにそこには頭がいっぱいつまっていた。ちょっとびびったが、「よっし、お前ら俺の演技を見てろよ」と思い大野君の登場を待った。そして第一声「お帰り」。すると少し笑いが起こった。少しとまどったが、失敗はしていないと思い演技を続けた。そして歩き出すと、客席の方から「おー」だの「えー」だの驚きの声が聞こえた。（女性の歩き方やしぐさは前田さんからみっちり仕込まれていたので）「これはいけるな」と確信した。その時、僕は完全にフッきれて自分の練習してきたすべてを出し切った。観客もそれに応えてくれて、僕は劇のとりこになっていくのがわかった。二場では問題の泣くシーンがあり不安だったが、マリアを自分に見つけることができ、やり遂げることができた。

二日目は昼の公演であったため、何かと忙しかった。観客数も正直なところあまり期待していなかったが、その予想は見事に外れた。なんと前日と同じか、それ以上の人たちが来てくださった。うれしい誤算であった。

僕は「失敗さえしなければ」という考えを捨て、「昨日以上のものを見せてやろうじゃねーか」という気持ちに切り替え、本番に臨んだ。自分では、前日と違ったマリアを演じることができたと思う。

最後のナレーションが終り、幕が下りると拍手が起こった。大きくて温かい拍手だった。僕は急いで十字架に磔になっている仲間のもとへ走った。どこからともなく喜びの声が挙がり、みんなは十字架上の仲間をおろし、そこで抱き合った。最後の挨拶のために幕が上がった。そこには僕らの全く知らない人、各地から来られた保護者の方々の顔が並び、割れんばかりの拍手が僕達を包んだ。出演者皆の顔は喜びに満ちあふれ、堂々としていた。僕達はこの演劇をつくるために本当に努力した。それがこの会場の人々のこの拍手の起動力になっている。そしてその音はどんな高価な楽器よりも温かく優しく感動を起こさせるものであった。それを僕たちはみんなでつくることができたことを誇りに思う。僕は一生この出来事を忘れることはないだろう。そして、こんなすばらしい経験をするために協力してくださった人々に感謝の気持ちでいっぱいである。

小さな十字架〔中1　K・K〕

「心を込めて読む」僕は、これが苦手です。声が大きく出ているだけで、心を込めているつもりでも実際は心がこもっていません。だから、台本を読んでいても、ただ読んでいるだけのようでした。

三学期になると練習が本格的になり、台本を読むだけではなく、動作もつけ厳しくなってきました。演出の川端さんに、声の出し方、どんなふうに言えば、お客様に気持ちが伝わるかなどと、いろいろなことを教えていただきました。そのうちに、だんだんしゃべり方に自信がついてきました。だけど最後の二つのセリフ「おいらの名前が書いてある、小さい十字架だね。これで天国に行くんだね。」「ああ、天国、天国、マリアさま、イエスさま……。」このセリフだけは、まだ心を込めて言うことができません。ぼそぼそつぶやくように言っていました。それは死ぬ前の言葉と教えられ、僕は、ぼそぼそつぶやいただけで、死ぬ前のしゃべり方は、どんな言い方をすればいいのか、よくわかりませんでした。そして、そのまま本番になってしまいました。僕は高い十字架の上で怖くなり緊張していましたが、何よりも最後のセリフは、このままでいいのだろうかと思っていました。そしてついに、暗い中、お客様の前に出ていきました。音楽がだんだん小さくなった時、僕は頭の中で「泣き声で言えばいいのかも……」とふと思いました。

そして僕はライトに照らされた時、泣き声で「おいらの名前が書いてある、小さな十字架だね。これで天国へ行くんだね。」と言いました。お客様の方を見たら泣いてくださっていました。そして「ああ天国、天国、マリアさま、イエスさま……」最後のセリフ。ルドビコは死にました。

僕はとても嬉しかったです。みんな死んでしまって、雪に降られている二十六聖人。あの時僕は、開けてはいけない目を開け、雪に降られ、きれいに美しく輝いている僕達を、この目で見たいと思いました。

劇

乙女峠殉教物語

「津和野」

乙女峠殉教物語
「津和野」

第一幕　一場

場所　守山国太郎の家
人物　国太郎／長吉／吾作／与助／仁吉／亀吉

ナレーション

一五四九年、ザビエルにより日本に初めて伝えられたキリスト教は、この地に芽生えて今日まで四五〇年余りの歳月を重ねてきました。人間の一生が平穏な日々ばかりでなく猛暑日や風雪の日も交えながら流れていくように、キリスト教を信じた人々にとっても波瀾万丈の歴史がありました。

今回は、ここ長崎の浦上に生まれそだち、キリスト教徒であったがゆえに、故郷を追われ、見知らぬ土地で苦渋に満ちた生活を強いられた方々の物語の一部を、拙い劇に再現してみました。浦上の人々はこの出来事を「旅」と呼んでいます。

（イロリを囲んで国太郎と長吉が話している）

仁吉　こんばんは。甚三郎はいるやろうか。

国太郎　おらんばい。ひるごろから大浦にいったよ。パードレさまになにか話しがあるとかいっとった。今日は戻らんとおもうよ。まあせっかくだからお茶でも飲んでいかんね。

長吉　そうっせんの。ちょっと上がっていけよ。

国太郎　お前達も遠慮せんと上がっていけよ。

仁吉　じゃあ。ちょっと上がらしてもらうか。どうもどうも。

（三人が上がってから）

国太郎　おい、はやくお茶を出してやれ。

長吉　ところで、仁吉よ。おまえはよかったな。この間生まれた息子はパードレさまに洗礼ばさずけてもらったらしいの、ほんとにめでたいことじゃ。

国太郎　ほんとじゃ、ほんとじゃ、おめでとう！お前もがんばって良か子に育てろよ。

仁吉　あん子は運がいいというか、しあわせもんというか、ホンモノのパードレさまに本物のラテン語で、インノメパアテルとか祈りばしてもろうて洗礼ば授けてもらう姿ばみとったら、ゆくゆくは聖人になるとじゃなかろかとおもうとですよ。

吾作　ハッハッハッハッ。それを親ばかって言うとたい。そしたら去年水方の作蔵おじに授けてもろうたおれんとこの息子はどげんなっとか。

与助　親がおやじゃからどっちも大した人間にはならんさ。どうせおまえたちんごとバカになるって見とってみろ、それに抱き親がおれじゃろが、先は見えとっとぞ。

仁吉　人の子じゃと思って言いたい放題言うとれよ。

吾作　お前はまだ嫁をもらえず妬ましかとじゃろ、くやしかったら早う嫁ばもらえ。

国太郎　こらこら、いいかげんにせんか。お前達には仲がよかごとあるけど一緒になればこれじゃもんな。パードレさまも言ってたろうが。これからなにがあるかわからんぞ。ひとりひとりこれまで以上に信仰をだいじにし必死にいのれって、お前達若いもんがしっかりせんといかん。けんかなんかしとる場合じゃなかぞ！

長吉　そうじゃそうじゃ！　今は不思議に役人どももしらん顔ばしとるけど、パードレたちがひそかに浦上に来ることがわかれば奉行所も黙っておらんだろう。あのいまいましい踏み絵だってやめんのだからなあ。

（外から戸をたたく音、皆に緊張がはしる）

亀吉　こんばんは、あんちゃんは来とらんじゃろか。仁吉はおらんじゃろうか。

仁吉　おお！　ここにおるよ。なにかあったとか。
亀吉　母ちゃんが急にたおれたと、早う帰ってきてくれんね。
仁吉　え！　ほんとか？　いまいく！　どうも世話になりました。
（仁吉あわてて出てゆく。）
国太郎　具合が悪かったのかのう？
与助　いや何もきいとらん。だって昨日は家の裏の畑でジャガイモばほっとったよ。元気そうにしとったけどな。
長吉　たいしたことがなければいいが。
吾作　美人薄命って言うやろ。大丈夫！　あの母ちゃんはきっと長生きする。
与作　そうそう、間違いなか！
国太郎　ばか！　こんな時そげんなことば言うもんじゃなか。そげんことば言うから、お前たちは人からバカにさるっとぞ！
吾作　つい本音がでてしまうもんで。

長吉　さあお前達は、仲良し三人組じゃろうが、仁吉の家までいってみんね。何かあったら知らせてくれろ！　頼むよ。

与作、吾作　ああわかった！　どうも世話になりました。

（暗転）

第一幕　二場

場所　代官屋敷
人物　代官／髙木仙エ門／仁吉／与助／国太郎／長吉

ナレーション

仁吉の母親タケは、倒れてから一言も発することなく二日後に静かに息をひきとりました。これまで人が亡くなれば庄屋と寺に届け出、お経を上げてもらった後自分達でオラシオを唱えて、埋葬するのが習慣となっていました。

しかし、大浦のパードレ達の指示では、お経を上げることは、まじないに等しいので、そのような習慣は、改めねばならないと言うものだったのです。過去のいきさつから大事件に発展するおそれはあったものの、仁吉は庄屋にだけ届け出て、母親の埋葬を済ませてしまいました。数日後、長崎の代官により仁吉以下、村の主だった者数名が呼び出しを受け出頭することになりました。

代官　仁吉はどれじゃ？

仁吉　私でございます。

代官　そちは庄屋にも檀那寺にも無届けで勝手に母親を埋葬したというが、それに違いないか？

仁吉　庄屋さんには届けました。ただ寺に届けてないだけです。

庄屋　なぜ坊さんを呼ばなかった。お上の定めは知っておろうが？

仁吉　私どもは坊さんは好きではありません。先祖代々坊さんが嫌いなのです。

代官　こうゆう問題は好き嫌いの問題ではなかろう。今の坊さんが嫌いなら、他の坊さんに代えてもよろしい。どうじゃ。

仁吉　坊さんはどなたもいりません。お寺とは縁を切りたいのです。

代官　十年前のことはお前も知っておろう。あまり勝手なことをぬかしおるとあのようなことになっても知らぬぞ。いいのか？

仁吉　いた仕方ありません。これは心の中の問題ですから、かんたんに変えるわけには参りません。

（しばらく沈黙、代官皆を一人ひとり見回した後、仙工門を指して）

代官　お前たちは、どうして坊さんを好かんのか。あの坊さんはなかなかの人物じゃないか。

仙工門　私どもは坊さんの教えを信じていません。

代官　これからは、日本の習慣に従って坊さんを呼ばねばならぬぞ！　その通り心得よ、いいな！

仙工門　私どもは将軍様の民ですから、何事についても代官様の仰せに従います。私どもの道でもそれを義務として命じています。けれどもお坊さんを呼ぶことだけは、道に逆らいますからできません。お代官様も体のことは私たちに何でも命ずることがおできになりますが、アニマのことはそうは参りません。

代官　アニマ？　アニマとは何じゃ？

仙工門　アニマとは魂でございます。たとえ体は死んでもこのアニマだけは決して死にません。善を行うことも悪を為すこともできます。その代わり後の世では、善を行った者は賞を受け、悪を為した者は罰を受けることになるのでございます。

代官　そちは先程、私どもの道とか道に従うとか申したが、どういう道じゃ。

仙工門　この道は先祖代々伝えられてきたもので、現世では心の平安を与え、来世では完全な幸福を得させるのでございます。

代官　それだけではよくわからん。もう少し詳しく述べてみよ。

仙工門　私は無学な者で書物もよく読めません、ですから教えの大要しかわからないのでございます。

代官　お前は無学だと自ら言っておる。ならば学問をしてきたわしの言うことを聞け！これからは一心に田畑を耕し、親に孝行し、妻子を養い、人が死んだら坊さんを呼んで、丁重に葬式を出してやれば良いのじゃ！

仙工門　私どもは仏法を信じませんから、坊さんも呼びません。

代官　ではどうしたいと言うのか？

仙工門　別にお願いとてございませんが、ただお坊さんを呼んだりお寺に参詣するのを強いられないようにお願いいたします。

代官　ならぬ！　それはならぬぞ！　そのうちにこのことはお奉行に報告せねばなるまい。覚悟はしておれよ。お前たちは悪いやつだとは思わんが、わしがこれほど諭しても一歩も引かぬとあらば仕方あるまい。

（暗転）

第一幕　三場

場所　秘密の礼拝堂

人物　ロカーニュ神父／甚三郎／与助／亀吉／捕り方A、B

ナレーション

代官屋敷に呼び出された後、数ヶ月の間何の佐太もなく過ぎていきました。実を言うと長崎奉行所では、キリシタンたちのあつかいに苦慮していたのでした。奉行能勢大隅守(のせおおすみ)はキリシタン処置方について、幕府の決裁を仰ぐべく江戸表へあがっていたのです。そういう中、業を煮やした留守役の徳永石見守(とくながいわみ)の命令で、慶応三年七月十五日の深夜。百七十名の捕り方が、寝静まった浦上の家々をおそったのであります。

（スータン姿のロカーニュ神父が机に向かって書きものをしている。三人の青年たちはイビキをかきながら思い思いに寝ている。遠くで馬のイナナキが聞こえる）

甚三郎　（目をこすりあくびをしながら座り）パードレ様まだ起きとってですか。もうそろそろ寝ないと夜が明けますよ。

ロカーニュ　もう少しで終わります……わたしは大丈夫です。あなたはゆっくり休んでいなさい。

甚三郎　さっき何か聞こえたような気がしたけど夢だったのかなあ？　パードレ様何か物音がしませんでしたか？

ロカーニュ　雨の音は聞こえたが他には特に聞いていないが……。

（近くで物音がする）

（甚三郎戸口の方へ歩いて外をのぞく）

甚三郎　パードレ様、早く灯を消して下さい！　誰かが近づいて来ます。

ロカーニュ　わかりました！（ローソクを消し荷物をあわててまとめる）

甚三郎　与助！　亀！　早く起きろ！　捕り方ぞ！　パードレ様を早く逃がさんば、そうだ、俺と与助がここで時間を稼ぐから亀！　お前が裏から逃げてパードレ様を安全な所に案内しろ！　いいな！

亀吉　わかった！　パードレ様早くこちらへ、荷物は私が持ちます。スータンを脱いで持って下さい！　早く、早く！

（甚三郎と亀吉かけてあった十字架や御絵を片付け、与助と二人布団に横たわる）

（捕手が戸口を倒して中に入ってくる）

捕り方A　おい！　起きろ！

甚三郎　こん夜中に何事か？　他人の家に勝手に入るとはけしからん！（落ち着いてゆったりと）

捕り方B　だまれ！　わしらは奉行所の捕り方じゃ、お上の命令でお前たちを捕まえに来た！　さあ、おとなしくしろ！

甚三郎　俺たちが何か悪いことでもしたというのか？　何をしたと言うんじゃ？

捕り方A　ここにはパードレが来ておろう。早く連れてこい！　調べはついておる。

甚三郎　なぜ大浦のパードレがここにおっとですか。知らん！　何なら家中どこでも探せ！

捕り方B　出さぬとあらばお前たちを捕らえる、神妙にいたせ！

甚三郎　（両手を前に出し）さあどうぞ、お縄にしてくれ！

捕り方A　（身構えるが近づかないBに向かって）おい、用心せい。こやつらはまじないを使うらしいから、うかつに引っかかるなよ。

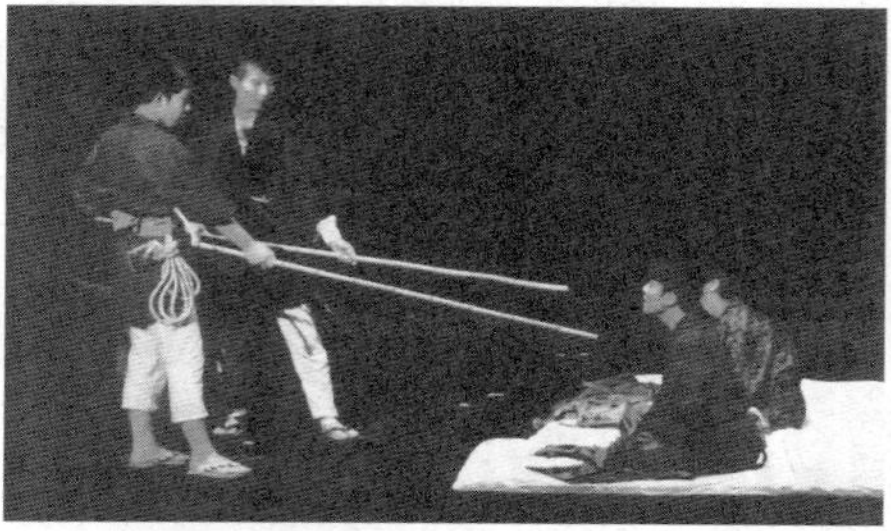

「さあ、おとなしくしろ！」

捕り方B　わかった（縄を振り回す）おい魔術をかけるなよ！

甚三郎　早く縛れよ（一歩前に出る）

（二人の役人は後ろに下がりなかなか縛らない）

捕り方A　ぬかるなよ！（Bの投げた縄が与助の足に当たり与助後ろに倒れた。そこで二人で与助を縛る）

甚三郎　（落ち着いた態度で床にあぐらをかいて両手を出す）まじないなど俺たちは何も知らん。心配するな。さあ早く！

捕り方B　何か術を使う気だな？

甚三郎　（笑いながら）ハハハハ捕り方にしてはおまえたちは臆病なやつだなあ！

捕り方A　キリシタンは何をするかわからんからな！

甚三郎　何もせんと言っとるじゃろが……

（二人で前後にせまりやっと縛る）

捕り方A　二人捕まえたぞ！（大声で叫ぶ）
捕り方B　さあ立って歩け！ 今から奉行所へ連行する！

ナレーション
この夜浦上の信徒のうち男女あわせて六十八名の者が捕らえられました。
（暗転）

第一幕　四場

場所　長崎裁判所の庭

人物　沢宣嘉／国太郎／仙エ門／長吉／他役人及び信者数名ずつ

ナレーション

この事件を知った諸外国は、信仰は人道上の問題であるとする立場から一斉に抗議したが、奉行所はキリシタン宗門は国法の問題であるとしてはねつけてしまいました。

当時の役人たちは倒幕のうわさが世間には広まり、各自の身分上の不安も重なり、捕らえた信者たちに、牢内でさん木責、水責、火責などことさら手荒な拷問を加えたのであります。そのためほとんどの者が苦しみに耐えられず改心してしまいました。そのうちついに徳川幕府は倒れ、明治という時代になり最後まで残っていた信者たちもとりあえず自宅に帰されることになりました。ところが、新政府は天皇を中心とした神道主義を国家の根幹に置いた政策を取ったため、たとえ少数であっても浦上のキリシタンたちは放置出来ない存在となってしまったのです。慶応四年新政府によって長崎鎮撫総督に命じられた沢宣嘉は、四月八日、浦上の信徒二十六名を長崎裁判所に呼び出し、取り調べることになりました。

（信者たちは白州の小石の上に座らされ、各自ロザリオを手にしている）

沢　お前たちはヤソを拝み、フランスの宗旨を奉じているという話だが、実際それに違いないか？

（ヤソという意味が分からず顔を見合わせている）

沢　どうした？　早く答えよ！

国太郎　ヤソとは何でありますか？　私どもは先祖代々ゼズス・キリスト様の教えを信じております。

沢　ヤソとはそのゼズスとやらのことよ……

国太郎　それでしたら間違いございません。わたしどもはキリシタンの教えを信じております。

沢　キリシタンの教えはフランスの宗旨じゃ。これが善い宗旨ならば他の国でも信仰するはずじゃが、決してそうではない。むしろあざ笑っている。全く悪い宗旨じゃ。早くやめろ！

国太郎　それはできません。来世でアニマを助けるのは、キリシタンの教えに限ります。

沢　何？　はだかにされ、十字架につけられて殺された悪人が、人を助けることができると思うのか。とんでもない。十年前にも貴様らの仲間で牢に打ち込まれ死んだ者すらも出ている。それでもやつらを責めた役人には何のタタリもなかったではないか。

仙工門　デウス様は必ずしも現世での罰をお下しになるわけではありません。忍耐強くお待ちくださいます。

沢　貴様は何者なればこのわしに向かって声を上げようとするのじゃ？

仙エ門　その宗旨は早く捨てろ！　さもないと死ぬより他ないぞ。二つに一つじゃ！

沢　私は決してキリシタンはやめません。

一同　他の者もそうか？

はい、さようでございます。

（しばらく間）

沢　ほんとに皆もそう思ってるか？

一同　はい、さようでございます。

沢　この場では本当のことが言いにくいのであろう？

長吉　とんでもありません。私どもは先祖代々何百年もキリシタンを守ってきました。国太郎や仙エ門の言う通りでございます。

沢　貴様らは初めから耳をふさいで、こちらの言うことを聞かない決心で来たのであろう。この問題を一家にたとえて考えて見よ。妻や子どもが主人の命に従わなければ、一家は破滅してしまうのだ。国民

国太郎　としてお上のご命令に従わないですむと思うのか。

沢　決してさようなことはございません。私どもは真心からお上に服従します。キリシタンの宗旨さえお許し下さればおそらく私ども程忠義な民はありますまい。

国太郎　勝手なことをぬかすな！　外国の宗旨を奉ずるだけでもすでに服従していないのだぞ。わからぬか。貴様らは殺されて、家族までがひどい目に遭わされなければならぬようになるのだが。

沢　仕方ございません。

仙工門　わしは立場上お前たちにとっては親も同然じゃ。なぜわしの言うことを聞かずに、フランスの坊主どもの言うことを聞くのじゃ？　お前たちはだまされておるのじゃ！

沢　だまされているわけではございません。

仙工門　やかましい！　黙って聞くのじゃ。奴らはこの国を奪おうとたくらんでいるのだ。さればこそこの宗旨は昔からご禁制になっている。ご維新になったからとて変わりはせん。天皇のご先祖たる皇大神宮（こうたいじんぐう）

を拝まないとは何という国賊じゃ。フランス人やその坊主どもが、何をしてくれたからとて心引かれるのじゃ？何が気にくわないで、天子さまや役人たちに従わぬのじゃ!?

仙エ門　従わんのが悪うございましたら、殺してくださいませ。私どもの望むところでございます。

沢　貴様らのことを案じて話しておるのに、どうしてそういうことを言い出すのじゃ？　その方は自分の子が殺されるのを平気で見ておれるのか？

仙エ門　平気で見れるとは思いませんが、デウス様のため、わが子が死ぬのはしあわせにございます。

沢　わからんやつどもじゃ!!　今日のところは帰れ!!（沢、手に持っていたセンスをたたきつける）

（暗転）

第二幕　一場

場所　津和野
人物　千葉常善／森岡幸夫／国太郎／長吉／仙エ門／甚三郎

ナレーション

長崎裁判所の取り調べは、日を変え人を替えて数ヶ月にも及びました。しかしことごとくキリシタン説諭に失敗し、改心させるには至りませんでした。長崎からの報告を受けた政府首脳は協議の末、キリシタンの主だった者百十四名を津和野、萩、福山に流配することを決めました。長崎の港から船に乗せられて出発したのは慶応四年つまり明治元年七月九日のことでありました。

これが第一次の流配ですが、その後、西日本各地に流された浦上の信者は三千三百名あまりにものぼったのであります。津和野に流された国太郎以下二十八名は、光琳寺という山寺に収容されました。南国長崎とは違い、冬は日本海からの冷たい風にさらされる見知らぬ土地での旅の始まりであります。

（役人の前に信者が呼び出された）

千葉　ゆるりといたせ、正座せずともよい。取り調べではないのだ。お前らとゆっくり話がしてみたいのじゃ。

森岡　遠慮せずともよい。膝をくずして楽に座りなさい。さあ、早く……。

千葉　お前らの教えのかしらを何と申すか？

仙工門　私どものかしらはエピスコポスで次がパーテルと申します。

千葉　お前らの拝んでいるものは何じゃ？

仙工門　私どもキリシタンは、天地万物、人間を創りたもうたお方を拝みます。万物のおん主（あるじ）でございますから、この方を拝むのです。お役人さまもこの方によってつくられました。

千葉　ふん（と笑って）わしはわしの親から生まれた。よそで生まれたのではない！

仙工門　私どもは誰でも両親(ふたおや)の協力によって生まれますが、生命を与え、両(ふた)親(おや)の心を間違いなく子どもに引き継いで生まれてくるように配慮されるのがデウスさま、つまり私どもの信じる神さまでございます。

千葉　十字架にはりつけになって殺された悪人がデウスというのか？

仙工門　十字架につけられてなくなられたゼズス・キリストさまは、デウスさまのおん子であります。悪人ではございません。私ども人間が犯す全ての罪を一身に背負って私どもの身代わりとなり、犠牲(いけにえ)となられて罪をあがなってくださいました。そして私どもにパライソへの道を開いてくださったのであります。

千葉　ゼズスとやらは死んでしまったわけであるからお前らはその死んだ者も拝んでいるのか？　死んでしまった者には、何の力もあるまい。

仙工門　ゼズスさまは私どもを救うために、おん母マリアさまから生まれなさいました。先ほど申しましたよう十字架で亡くなられましたが、ご自分の力で三日目によみがえられたのであります。

千葉　死んだ者がどうして生き返るのじゃ？　全くデタラメな話じゃ。ではもし生きているとしたら今どこに住んでおるのじゃ？
（役人口を開けあきれたような顔になる）

仙工門　ゼズス様は神様であると同時に人間でもあります。神様としてはどこにでもいらっしゃいますが、人間としてはパライソとパーデルさまによって聖別されたパンの中にいらっしゃいます。

千葉　アッハッハッハッハ！　そんな話があるか。お前らはよくもまあこんなバカげた教えを信じられるものだ。たぶんこれは魔術の一種に違いない。のう、森岡殿！

森岡　はあ……。私もずい分学問をしてきましたが、こんなあきれた話は聞いたことがございません。

千葉　魔術にどっぷりはまっているからなかなか解けないのであろう。
（二人でうなずく。）

森岡　して、そのゼズスの母を女神として拝んでおるのか？

仙工門　いいえ、マリアさまは人間であって神様ではないのです。ですから礼拝の対象ではございません。尊いゼズスさまのおん母に選ばれましたので尊敬を申し上げているのでございます。

千葉　まあよい。とりあえず聞いてみよう。ではデウスとやらには子どもがいる以上、妻や他の子どももいるのじゃな？　今度はそちが答えてみよ。

（甚三郎を指す）

甚三郎　いえ、そうではございません。デウスさまは、永遠の昔からいらっしゃる方でおん子ゼズスさまの他に、スピリト・サントという同等の神様がいらっしゃいます。

千葉　そもそも夫婦でもないのに、なぜ子どもがいるのじゃ。おかしいではないか。お前らの話はどこまでもデタラメじゃ！

甚三郎　いえデタラメではございません。このデウスさまは、おん父とおん子ゼズスさま、そしてスピリト・サントのお三方（さんかた）でありますが、唯一絶対で一つの神様でございます。しかも全知全能でありますから、私どもの目には見えない心の中まで知っておられますし、またどんなことでもおできになるのでございます。

千葉　三つの神が唯一だとは道理に合わんではないか。こんなおかしな話があるもんか。世の中全て道理がある。日が昇ればまた沈む。桜の木に柿の実はならぬ。石を投げれば必ず下に落ちる。お前らの言っていることはどう考えてもおかしいではないか？

甚三郎　確かに桜の木に柿の実はなりません。しかし、デウスさまの知恵は私どもの知恵をはるかに越えておられます。世の中の全ての道理を決められたのもデウスさまでございます。また、太陽を創って輝きを与え、月や星を創られたのも、デウスさまのみ手になるものでございます。

千葉　そういうことをヘリクツと申すのじゃ。ともかくお前らは日本に生を受け、日本で育ってきたのじゃ。日本には昔から神道というりっぱなみ教えがある。それを信じてその教えを守ればよいのじゃ。どうじゃな？

甚三郎　それはできませぬ。私どもの魂にしみこんだキリシタンの教えを捨てることなど絶対にできませぬ。長崎でもそのことは何度も申し上げました。そのため故郷を追われ、今ここでお役人さまにごやっかいになっております。キリシタンの教えを守ることが国法を破ることになるのでしたら、どうか私どもを殺すなり、罰を加えるなり、ご自由になさってください。

千葉　他の者も皆そうか？

一同　はい、さようでございます。

千葉　わかった。お前らがわしの言うことを素直に聞けば、国元に帰れるように手を打ってやろうと思っていたが、そこまで言うのなら仕方あるまい。覚悟しておくがいい!!

（暗転）

「覚悟しておくがいい!!」

第二幕　二場

場所　光琳寺の庭

人物　甚三郎

ナレーション

当初、津和野藩の役人たちは、手厚く扱ってくれました。キリシタンと言えどもたかが百姓、国学を学んでいた彼らは「神道は人の大道なり」とする理論で十分説得できるという自信を持っていました。しかし浦上キリシタンの精鋭たちの前には役人たちの理論を持ってしても通じなかったのでした。

役人たちは、次第に肉体的な苦痛を加えて、棄教に追い込む手段に出たのです。畳をはぎ取り布団の代わりには一枚のムシロ、わずかの米に塩と水だけの汁。冬になっても夏のままの単衣一枚、しかも全く火の気のない暮らしとなりました。

加えてたて横九〇センチの三尺牢をつくり順次そこに入れての拷問を始めたのです。

三尺牢にも入れられた甚三郎たちの体験を、後に認められた覚え書きから当時を少し偲んでみたいと思います。

（活人画か　絵をバックに示す）

甚三郎　私どもは殉教を覚悟して津和野までやって来ましたのに、村人や役人衆に笑顔で迎えられ不思議に思いました。おなかいっぱいご飯も食べさせていただき、きれいな布団にも寝かせてもらっていたのです。

ところが、何回か話をしていると役人の顔がだんだん変わっていきました。そのうち布団は取り上げられ、板の上にムシロを敷いて寝かせられるようになり、ご飯もほんの少しだけになりました。冬になってこれまで見たこともないような雪が降りました。とても寒くガタガタと歯がなるほどでしたが着物もくれず、仕方なく少しずついただいたちり紙をめし粒ではり合わせて下着をつくりました。寝るときは二人ずつ背中合わせにしたり抱き合って寝ないととても眠れるものではありませんでした。昼は一日中、竹ぶちの上に座らされて、「教えを棄てろ」と説得されるようになりました。何ヶ月か過ぎた頃小さな牢を三つ造ったらしく役人たちは順番に入れるという話をしておりました。これが津和野の役人が考え出した三尺牢でありますす。最初に三尺牢に入れられたのは、二十七歳の和三郎でございます。小さな穴から差し入れられるわずかな食べ物と、少しばかりの水が一日一回だけです。たて横三尺ですから手足を伸ばすことができないのがことのほか苦痛でありました。

おまけに糞も尿もそこでするしか方法はなく、パライソでの永遠の報いを思わなければ、とても耐えられるものではありませんでした。苦しくて辛抱しきれなくなった時、遠くで聞こえる仲間たちのオラシオの声がどんなになぐさめになったかわかりません。

そんな中、和三郎は二十日間も生き延びて津和野の最初の殉教者となりました。次に入れられたのが、家野郷の安太郎さんです。この人は信仰深くとても謙虚な人でありました。人の嫌な仕事をし、ただでさえ少ない食べ物を減らして、信仰の弱い人に分けて食べさせておりました。いつもロザリオを唱えサンタマリアさまに対する深い信心を示しておりました。ところが体を悪くして病気がちになりましたら、そこを役人たちに目をつけられ三尺牢に入れられてしまったのです。

私たちは様子がよくわかりませんでしたが、役人たちから漏れ聞いたことによりますと、ほとんど言葉も話せないくらい弱っていることがわかりました。そこで、皆で力を合わせて床をはがし、床板の下の土を手で掘って外に出られる穴を開け、私が三尺牢に近づいてみたのです。

私が「安太郎さん」と声をかけてみると「はい」と小さな声で返事をしました。私が「この三尺牢の中に一人でいるとさみしかでしょう」と言いますと「私はちっとも寂しくはありません」と言うのです。「どうしてですか」と聞きますと「いつも夜中頃になりましたら毎晩青い着物を着た女の人が、頭にも青いおおいをつけて私のそばに来てくれます。ちょうどサンタマリアさまのご絵によく似た顔立ちをしています。その人が明け方まで色々話をしてくださるので、少しもさみしゅうはありません」と言うのです。そして私に「このことは私が生きている間は、誰にも話さないで下さい」と頼むのでした。

次の晩も交代で安太郎さんのところに何人かが様子を見に行きましたが、私と話した夜から三日目、静かに息を引き取ったのです。その晩には、とてもとてもきれいな月が出ておりました。この方は間違いなく聖人だと私は思います。

私がその後三尺牢に入れられました時には、夜になると皆で集めた食べ物を持って来てくれていましたので、私は命をつなぐことが出来たのです。

ナレーション
長崎市家野町墓地の安太郎の墓石には
「明治元年五月二十二日　石州(いわみ)津和野に捕縛され
明治二年正月二日　同地地獄内に於いて殉死せり
ヨハネ・バプティスタ　榊　安太郎　三〇才」
と刻まれています。

（暗転）

第二幕　三場

場所　浦上政吉の家
人物　政吉／ウメ／新吉／タケ

ナレーション

明治二年暮、アメリカ・イギリスなど諸外国の抗議を無視し、政府は浦上の信者約三、三〇〇名を富山以西の二十二カ所に流配することを決定しました。ただ、この度は全員を強制的に連行するのではなく、行きたくない者は残留出来るという自由がありました。当然ながら残った者はキリシタンを棄てた者と見なされるわけであります。老人や病人を抱えた家、浦上近辺に親兄弟を残す者など、様々なしがらみの中で一部の人たちにとっては、旅に出るか残るか、毎年行われていた踏み絵以上の苦しい選択を迫られた問題でありました。

政吉　新吉よ、お前は旅には行かんと母ちゃんに話したそうじゃが、本当か？
新吉　まだ決心がついとらんとは言うた。
政吉　決心がつくもつかんも出発まではあと二日ぞ！　あさっては朝から長崎の役所に荷物を持って集まれって言われとるじゃろうが？　どげんすっとか？
新吉　父ちゃんも知っての通りついこの間家が出来上がったばかりじゃろうが。友だちから借金もかなりあるし、五年で返すって約束ばしとっとよ。それに子どももまだ小さかし、そう簡単には決められんとよ。
政吉　タケはどう思うとっとか？
（タケは赤ちゃん－人形で良い－を抱いている）
タケ　私は親や兄弟も全部行くって言うし、ウチん人にも行こうって言うんだけど……。夫婦別れ別れになるのもできんし、毎日泣いてばかりおっとですよ。お上はどげんしてこげんなむごかことばすっとでしょうか。

政吉　正直言うと俺だって借金はいくらかあるさ。だけど今度のことは俺たちが決めた事じゃなくてお上が決めたことたい。俺たちんごとまじめに暮らしてきた人間に、信じる心が違うと言うだけで、タケの言うごとなしてこげんひどか目に会わすっとか俺もわからん。腹が立って気が狂うごとあるけど仕方んなか。やっぱり新吉一緒に行こうよ。お前が行けば俺も心強か、家族も皆元気が出るとよ。

新吉　それはようわかってるつもりたい。ただ金を借りる時、キリシタンは貧乏人が多かろ、だからほとんど長崎の街の知人や友人の大工仲間から借りとっとたい。今俺が行ってしまえば、あれたちは逃げたとしか思わんとよ。それが悔しか。去年の今頃来年にはこげんことがあるとわかっとれば家を建てるのを延ばすんじゃったとに。

政吉　中野の留吉は、りっぱな家や田畑ば捨てきらんから行かんとはっきり言ってるらしかじゃなかね。お前も本心はタケん所の財産が惜し

新吉　かとじゃなかとか？

政吉　ちがう！　そうじゃなか。出来っとなら俺ん心ばさらけ出して見せたか。そげんことじゃなかとって‼　去年連れて行かれた国太郎たちは、岡山って言うところと、津和野と言うところにおるらしか。俺たちはどこに連れて行かるっとかまだわからんとよ。お前たちが行かんとならこれが最後の別れかも知れん。

（孫を抱かせてもらいながら）

新吉　お前の顔を見れるのもこれで終わりたい。元気な子に育てよー。お前も可哀相なやつだね。

俺たちは遅れて行くから父ちゃんたちは先に行っとってよ。頼まれた大工仕事もあるし、ほんの少しでもお金を返せば、あれたちも俺の気持ちぐらいわかってくれるじゃろう。俺も父ちゃんの子たい。父ちゃんがいつも言うよった信義を守ることが人間にとっては一番

政吉　大事かと思とっとよ。

ウメ　おうよ。そげんなことは言った。じゃがな、人間に対する信義と神様に対する信義とどっちが大事か！　今度のことは神様に対する信義の問題じゃろが。残れば公にキリシタンの教えば棄てたことになっとぞ！　ゼンチョになっとぞ。

新吉　この家からもとうとうゼンチョが出るとじゃろかい？　先祖たちにも申し訳なか。ああ悲しかね……（涙をふく）

政吉　俺は教えば棄っとじゃなかと。父ちゃん母ちゃんたちもしとったあの踏み絵ば踏むとと一緒たい！

新吉　ちがうちがう！　一緒じゃなか！　踏み絵ば踏んだら改心もどしばしよったろが！

政吉　どこがちがうとね！　俺は行けない間ずっと改心もどしばすっと。今日から一滴の酒も飲まんし、毎日コンタツば何本も唱える。神様は俺の苦しい胸の内ばわかってくれると思うとっと。

新吉　母ちゃん泣かんでくれんね。母ちゃんたちが思うとおりにゃ親孝行

タケ　できんばって、こげんことがなけりゃ、二人が年とったら長男の俺が引き取って死ぬまで面倒ば見るって嫁とも約束しとったとよ。なあタケ？

それは本当です。家の横の畑に離れば作る計画もしとっとです。何なら私の親も面倒ば見るけんてやさしかことば言ってくれとっとです。

（間、四人とも涙を拭く）

政吉　新吉お前たちがそこまで言うなら、お前の考え通りにせろ。（ウメに合図して包みを持ってこさせる）これは少なかばってん借金の足しに使わんね。

新吉　いらんいらんよか！

ウメ　新吉　もろうとかんね。

（受け取らない）

新吉　父ちゃん、どこに連れて行かるっとか知らんばって、見知らん土地に行くとたい。何があるかわからんからそれは持って行かんね。他国でいちばん頼りになっとは、とりあえず金たい。気持ちはうれしか。父ちゃんも母ちゃんも体には気を付けてよ。どんなことがあったって俺はキリシタンの信仰は棄てん！　男の約束たい。俺の言葉を信じてくれんね！

（暗転）

第二幕　四場

場所　津和野光琳寺中庭

人物　千葉／森岡／他数名／仙エ門／甚三郎

ナレーション

長崎役所に集められたキリシタンたちは「紀州和歌山二八一匹」「安芸広島一七九匹！」などともはや人間扱いさえもしてもらえなかったのです。

津和野にも家族を中心として、百二十五名が送られました。その頃第一陣の二十八名の中で兵糧責めや三尺牢などの拷問によって、すでに二名が殉死し、改心した者も多くなり、がんばっている者は十二名になっておりました。

役人たちは十二名の中心人物は仙エ門と甚三郎であり、この二人を何とかして改心させようと様々な迫害を加えてきました。

千葉　仙エ門！　甚三郎！　こちらへ出て参れ！（甚三郎、一人だけゆっくり出てくる）

甚三郎　何事でございますか？

（千葉、東に向かって柏手を三度打ち、手を合わせて頭を深く下げている）

千葉　甚三郎、改心しろ！　太陽を拝め！　日輪さまを拝め！

甚三郎　拝みませぬ！

千葉　この恩知らずめが！　毎日昼も夜も太陽さまのおかげだぞ、その太陽さまを我々が拝みよるのを目の前に見ながら、貴さまは拝む道を知らんのか？　そして目に見えぬデウスを一所懸命に拝む、こんなバカな事があるか？

甚三郎　そんならお役人さま、私がそのわけを申しあげましょうか。

千葉　おう言うてみろ、聞いてやる。

甚三郎　お役人さまが何か用ができて、ある村へ出かけたとします。用が済んでの帰り道、途中で日が暮れてしまいました。田舎のでこぼこ道、そしてその脇は崖になっていて身動きが取れなくなってしまいました。困り果てているところにある方がおいでになって、提灯に火を付け「これを持って行きなさい」と貸して下さった。その提灯のお陰で無事にお帰りになりました。その時、お役人さまはどうなさいますか。その提灯を高い所に上げて、その前で手を打ち、両手をついて「お提灯さま有難うございました。あなたさまのお陰でケガもなく無事に帰れました。ご恩は一生忘れません」と言って、提灯を貸して下さった方は今は見えぬ。どこに居るかもわからん。そんなものにお礼を言う必要はない、とおっしゃるのでしょう。私たちも太陽の有り難さはよく知っています。けれども、太陽にお礼を言ったことはありません。その太陽を造って仕事をさせ、規則正しく運転して下さるデウスさまを拝んでおります。私どもが朝も昼も晩もお祈りをしているのをお役人さまも知っているでしょう。それは、その感謝をしているのでございます。

千葉　こいつ百姓のぶんざいでツベコベ屁理屈ばかり抜かしおる！
（怒り声で）仙エ門はどうした？早く参れ（大声で）

甚三郎　仙エ門は昨日から具合が悪く、床に伏せております。今日は起きあがるのは無理かと思います。

千葉　（森岡に向かって）かまわぬ！連れて参れ！
（しばらくして仙エ門、激しく咳き込みながら出てくる）

仙エ門　このところの寒さで風邪を引きました。今日のところはどうかご容赦下さい。

千葉　ならぬ！お前が強情をはるからそんなことになるのじゃ。わしは知らんぞ！

仙エ門　では何のご用でございましょうか？

千葉　うん。他でもないが、わしはゆっくり考えたのじゃが、お前ら二人が改心すれば他の者も同調するであろう。我々としても、本当はあまり苦しめたくはないのじゃ！　わかるな！

仙工門　何をすればよいのでございますか。

千葉　そろそろ改心してはどうじゃ？

仙工門　何回申されてもそれは出来ません。

千葉　甚三郎、そちはどうじゃ？

甚三郎　私は前に改心したことがございます。しかし、父母兄弟たちの悲しむ姿を見て、この世の中のどんな苦しみよりもつらい思いを致しました。たとえ殺されようとも改心はいたしません。どんなことを言われても無駄でございます。

森岡　甚三郎、お前はまだ若いし、物事の判断力もある。人の情けだってよくわかるやつだと思う。今日はお前たちにたって頼みたいことがあるのじゃ。我々の願いを一つだけでも聞いてはくれぬか。我々を助けてほしいのじゃ！

甚三郎　どういう願いでございましょうか？

森岡　実を申すと津和野に預かっておるお前たち全員を、もし、改心させることが出来なければ、われわれは腹を十文字に切ってお詫び申し上げますと、東京におられる天皇さまに誓いをたてておるのじゃ。のう、わかってくれるのう。

甚三郎　わかります。よくうけたまわりました。では私の言うことも聞いて考えてみて下さい。お役人さまの言うことに従って私が改心しましたなら、私は一体何者でございましょう。人間として生きていく価値もない大バカ者でございます。

森岡　なぜじゃ？

甚三郎　わかりませんか。私は長崎で捕らえられ、裁判では薩摩、土佐、長州のえらい方々の言うことも聞かず、それぱかりか、私は世の中の一切の楽しみもうち捨ててしまいました。それに家や田畑も全部召し上げられ、ここでは寒さに震えております。飯もろくに食べさせてもらえず、犬猫以下のみじめな生活をしております。この通り骨と皮ばかりの体になりました。ここまで苦しみに耐え、何年も辛抱してきたことを無駄にするとは本当に大バカもののする事でございましょう?

千葉　では我々の願いは聞かぬと言うのじゃな?

甚三郎　さようでございます。

千葉　わかった！　じゃあお前は明日、後ろの山に連れて行って打ち首に致す!!　覚悟はよいな!?

甚三郎　どうぞご自由に！（開き直る）　ただし！　甚三郎の首は安くはありませんぞ!!（大声）

千葉　どういうことじゃ?

甚三郎　この甚三郎の名は、もはや江戸表にも通じております。この国ではどこであろうと罪を犯した人間は裁判を受けなければならないことになっております。お役人様はよーくご承知のはずです。たとえ死刑になったとしても、死刑の言い渡しも、ちゃんとわけを読み聞かせ、本人も承知した上で判子を押し、さらに江戸に伺いをたて、返答が来て実行されるべきものでしょう。お役人さまが気分次第で勝手に出来るものではございません。それが決まりではございませんか。私は命が惜しくてこのように申し上げているのではございません。もとより命は捧げております。

千葉　ようし！　その覚悟があるのならもう頼まぬ。おい、皆この二人をそこの池に放りこめ。ちょうど良い氷も張っておる！

（役人たち二人を連れて行く　ザブンと言う音）

仙工門　ひぇー！　冷たい！　甚三郎大丈夫か。俺は足が届かん、つかまえてくれ！　早よ早よ！（おぼれかけるような声）

甚三郎　もうちょっとこっち！　さあ手を出して、わたしにつかまって！

（水の音　ピチャピチャ）

千葉　湯加減はどうじゃな？　さぞ気持ちよかろう！　ハハハハ……仙工門！　お前の熱も冷めたじゃろう。いい薬じゃと思うが、どうじゃ？　お前たちの神が見えるか？

（しばらく間）

森岡　おい仙エ門、大丈夫か⁉　返事をせい！　甚三郎！　何か答えろ！　もう上がって来い！

仙エ門　今、宝の山に登り始めましたので、そちらには上れません！

（音も声もしなくなった）

森岡　千葉さま！　どうも変でございます。気絶しているようですぞ！

千葉　おい、二人を上げろ！　早くしろ！　何をしておる、頭じゃ、その棒で髪の毛を引っ張れ！　早く寄せろ！

（二人を引きずって中央に寝かせる、牢の方に向かって）

森岡　中の者！　早くこちらに来て体を拭いてやれ！　急げ！

（暗転）

第二幕　五場

場所　場所は第四場に同じ

人物　千葉／森岡／他役人数名／甚三郎／マツ／祐次郎

ナレーション

流配されたキリシタンたちを、どのように扱うか示した「邪徒（やそ）取扱方大略」というものがあり、一応の基準はありました。例えば「食料は男女とも一日一人につき米五合」とか「着物、フトンを渡すこと、ただし冬は綿入れ一枚、夏は単衣（ひとえ）一枚」などであります。

基準通り守ったところもありますが、守らなかったところが多かったようです。特に津和野での待遇はひどいものでした。役人たちは誰かれかまわず「改心しろ！」「改心しろ！」と、耳にたこができるほど責め立てていました。その上、毎日配られる食糧が大幅に減らされたため、空腹に耐えきれず改心する者が増えていったのです。そんな折、まだ5歳になったばかりのカタリナ・モリという女の子までも役人に呼び出されたことがありました。役人はおいしそうなお菓子を見せ「キリシタンを捨てれば、お前にこれをやろう」と誘いました。しかし、カタリナは「お菓子をもらえばパライソにはいかれん。パライソには欲しいものが何でもいっぱいあるから要らない！」ときっぱり断ったと言う話も伝わっています。仙工門、甚三郎の説得に失敗した役人たちは、ひ弱い感じを与えていた甚三郎の弟、祐次郎を痛めつけることにしたのであります。

千葉　祐次郎こっちへ参れ！（祐次郎足を引きずりながら来て座る）あの竹縁に座らされて今日で何日目じゃ？

祐次郎　八日目でございます。

千葉　まだ改心する気にならぬか？

祐次郎　改心はいたしません！

千葉　いつまでも強情を張っているともっと痛い目に合わせるが良いな？

祐次郎　私も男でございます。そんなおどしには乗りません！
千葉　池に入れるような生ぬるいものではないぞ！
祐次郎　いたし方ございません。
千葉　おい、みなの者、こやつをそちらで締め上げろ！遠慮はいらぬ。好きなようにいたせ！
役人　おいこっちへ来い。（手を引っ張り連れて行く）早く歩け！
（声と音で様子を表す）
声　おい、着物を脱げ！
祐次郎　いやでございます！
声　こいつを裸にしろ！全部脱がせろ！よし、地面に十字架の形に縛り上げろ！いいぞ、やれ！
（バシッバシッバシッ）もう一発行くぞ、ほら！
祐次郎　うっ痛い！あ～（大きな声でうめく）
声　改心すると一言言えばすぐやめる！改心しろ！まだか、それ改心しろ！　改心すると言え！　おい、その棒を口につっこめ、思い切りやれ！

祐次郎　あ〜！　う〜（悲痛な声）

（しばらくうめき声が続いた後静かになる。やがて役人たちは中央まで引きずって来る）

千葉　もうよかろう、少しやり過ぎたかな？

（森岡が祐次郎の顔を少したたくなど気づかせようとする。手足を持ってみるが反応がない。）

森岡　千葉さま！　様子が変でございます。

千葉　女部屋にこいつの姉がいるだろう。早く呼んで参れ！

役人　はっ！（しばらくして連れてくる）

千葉　ちょっと痛めつけたら気絶したようじゃ、介抱してやれ！

マツ　祐次郎！　しっかりして、祐次郎！（手をさすったり背中をさすったり

する）

千葉　甚三郎も連れて参れ！（二人とも出て行く）

マツ　祐次郎！姉ちゃんだよ、マツだよ！わかる？

（役人たち立ち去る）

祐次郎　姉ちゃん！姉ちゃんだね！

マツ　ひどい目にあったね、痛かったろう……

祐次郎　大きな声を出してごめんな。歯をくいしばってがんばったんだけど、裸が気になってがんばれんかった。ごめんよ。（甚三郎も走って来る。すぐ近くにしゃがむ）

甚三郎　祐次郎、大丈夫か？痛かったろう、こげん体になってしもうて……。お前の叫び声がする度皆一所懸命祈ってくれとったぞ！

祐次郎　兄ちゃんごめんな、大きな声を出して。

甚三郎　いいんだよ、お前はまだ子供じゃないか。よかよか！途中で声が聞こえなくなったから、死んだのかと思ったよ、心配し

祐次郎　たぞ生きていてよかった。何回ももうダメかと思った。そん時にゼズスさまの十字架の苦しみを思ってがんばろうとゼズス・マリアと祈ってたら、あの屋根の上に小雀がいるのが見えた。そしたら親雀がめし粒ばくわえてやって来て小雀の口にいれてやっていた。雀でも我が子を大切に育てる。ましてや、ゼズスさまやマリアさまが信仰のために責められている私を見捨てるはずがないと気がついて急に力が出てきたとです。パライソにもうすぐ行けると思うと我慢できたとです。

甚三郎　えらいぞお前は！　本当にえらい！

祐次郎　私はもうすぐ終わりんごとある。

マツ　そんなこと言ったらいかん。しっかりしてよ！　姉ちゃんもついているから大丈夫だよ。

祐次郎　姉ちゃん、姉ちゃんはきっと長崎に戻れるじゃろ。そん時はよく人に教えてやってくれんね。

マツ　何をね？　何を教えてやれって？

祐次郎　親は子供を泣かせんごと育てんばいかん。子供には罪はなかとです。大人こそ罪人だから償いをしなければいかんとです。

マツ　よくわかった。約束するよ！　何か食べたくない？

祐次郎　いらん。兄ちゃん、兄ちゃんもきっと浦上に戻れるごとなると思う。浦上にもどったら嫁さんばもろうて、最初の男の子はパーデルにしてくれんね頼むよ！　祐次郎のたっての願いだよ。

甚三郎　よーくわかった、約束は絶対守るよ。もうしゃべらんでもよか。寝たら元気が出るかもしれんから、もう寝ろ！

祐次郎　いや、もう無理んごとある……。（祐次郎の様子が急に変わる）

マツ　祐次郎！　祐次郎！（あわててゆする）

甚三郎　祐次郎しっかりしろ！　おい、まだ死ぬなよ。お前はまだ十五になったばかり

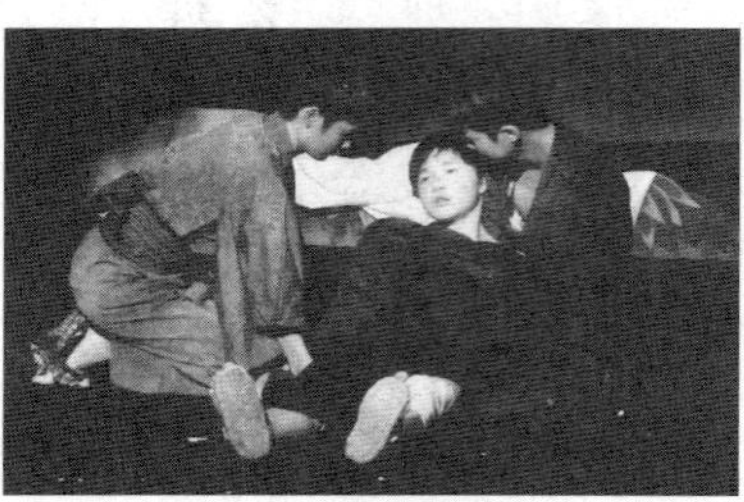

「もう無理んごとある……」

じゃろが……。ああ……神さまー。マリアさまー。

（二人、祐次郎におおいかぶさるように泣き崩れる）

（暗転）

第二幕　六場

場所　場所は第五場に同じ

人物　千葉／森岡／仙エ門／甚三郎／亀吉／仁吉

ナレーション

津和野ではことのほか寒かった冬が去り、あたたかい春の日差しが戻って来ました。浦上から第一陣として送られてきた人々は、不自由な中に様々な苦しみの日々を強いられて、早六年目を迎えたのです。甚三郎にとっては、その間父国太郎や弟祐次郎と死別しただけでなく、三十余名の信仰の同志の殉教を目の当たりにすることになりました。それは天国への希望の旅立ちではありましたが、艱難辛苦をともにした仲間との心をゆさぶられる悲しみの別れでもあったのです。囚われの身のきびしい生活は相変わらずでしたが、もしかしたら故郷浦上に帰れるかも知れないという、うわさが広がり始めたのは前の年の秋頃からでした。その頃から役人たちの仕打ちも心なしか以前ほどではなくなって来ていたのでした。

（牢内の居室に仙工門・甚三郎他二名の信者がのんびりと過ごしている）

仙工門　おいみんな。あれは何じゃろかい。何んば始むっとかの？　仁吉、お前知らんか？

仁吉　いやーわからん。ああ格子を壊し始めたよ。何すっとやろか？

亀吉　うわさが本当になるのかも知れんね。浦上に帰れるかもわからんぞ！　頑張ったかいがあった。嬉しかね！

仁吉　格子がなくなれば自由に出入りでくっとじゃろね。ほかん所に流された者たちは何年も前から自由に出入りしとったらしかもんね。こんなに厳しい所はここだけたい！

甚三郎　何でもうわさを聞きつけるのはお前が一番早かもんな。ハッハッハ。お前の耳は地獄耳たい！

仁吉　俺は地獄っていう言葉は好かん。せめて福耳とか何とか言ってくれんの。ああそう言えば忘れとった。女部屋から聞こえた話だと、ついこの前馬込のカネおばが改心したらしかばい。

仙工門　本当じゃろか？　カネおばさんはひどう信心はする人じゃったのになあ……今までさんざん苦労してきたのに、信じられれん！

甚三郎　カネおばさんは、一人息子に先立たれた上、頼りにしていた嫁さんまでが、ここのひどいくらしがもとで病気になって死んでしもうて、希望をなくしたんじゃろうね。あの嫁さんはひどう親孝行ばしよったもんね。

仙工門　あん人は色白でつつましか人じゃったけど、心の中まで特別きれいな人じゃったなあー。

甚三郎　おばさんは一人残った孫が育ち盛りになったのに、ここではろくに飯も食えんし、孫を助けるためやむなく改心したとじゃろうね。それしか考えられれん。

仙工門　俺もそう思う。これは責められんぞ。一所懸命あのおばさんたちのためにも祈りばせんといかんね。

甚三郎　うん、皆ロザリオばしようか。
（他の二人もうなずきひざまづいてロザリオを出す。そこへ千葉と森岡が入ってくる。）

千葉　ちょっと聞いてもらいたいことがある。
（皆が千葉の方に向かって正座したところで）
仙エ門、甚三郎よく聞いてくれ！　この度お上は格別の慈悲をもって、そちたちを放免し、浦上へ帰すこととなった！（皆顔を見合わせる）意味はわかるのう？

仙エ門　はい、わかります。本当でございましょうか？

千葉　（ふところから紙を出し）これは昨晩届いたものだ。ここに書いておる（と見せる）明治政府の決定なのじゃ！

仙エ門　ありがとうございます。

千葉　お前たちのように、あくまで自らの信念に生き抜いたものは珍しい。このように忠義な者は他におるまい。もし、お前たちが武士ならば、

りっぱな武士である！（力を込めて言う）

（………）互いに手を取り顔を見合わせるだけ

千葉　（四人の前に正座し手をつく、森岡も……）役目とは申せ、お前たちに加えた数々の仕打ち、何とぞお許し下され！（頭を深々と下げゆっくり出て行く）

森岡　私もこの通りじゃ。許し難いとは思うが、ゼズス・キリストのみ教えのごとく、どうかお許し下され、お願いでござる！（頭を深く下げたまま）

仙工門　どうか頭を上げてください！私たちは何もうらんでおりません。

森岡　私はこの六年間、毎日のようにお前たちを見ていて、ヤソ教はりっぱな宗旨かも知れぬと段々考えるようになった。特に

もし、お前たちが武士ならば、
りっぱな武士である!

ここで亡くなった方々はほとんどが安らかな美しい死に顔であった。あの姿は忘れられない！　これからの世の中、誰がどんな宗旨を信じようと自由になるらしい。それがはっきりすれば、私はヤソ教の事を勉強してみたいと思っている。お前たちに、その事を約束いたす故、どうかそれに免じて許してくだされ！（深々と礼をして出て行く）

仙工門　甚三郎！　おい皆聞いたか！

甚三郎　おい帰れるぞ!!　大きな声でオラシオが出来るぞ！　神様ー！　サンタマリア様ー！　ありがとうございます。

（他の二人もバンザイや何やらで飛び廻る）

仙工門　甚三郎、故郷に帰ったら、大浦より大きな御堂ば浦上に造ろうぞ!!

甚三郎　皆でやろう!!（皆で抱き合う）

―完―

手紙

——石蕗の詩を読んで——

手紙　――石蕗の詩を読んで――

「石蕗の詩」ありがとうございました。お礼のお便りが遅くなってしまい申し訳ありませんでした。家内を始め、友人にも回覧し、いろいろなエピソードについて語り合っている間にどんどんと時が経ち、今になってしまいました。

恥ずかしながら、つい先日まで、「石蕗」がどんな植物なのか知りませんでしたが、散歩中に、これがそうだと教えられ、身近にあっても知らないものの多いことよと思っています。「石蕗」の植物自身もそうですが、六年間先生のお話を聞きながらも、先生ご自身が「石蕗」の話をされたことがなかったように記憶しており、初めて御本の題目を見た時、小さな驚きと戸惑いを感じました。本の題名は当然自分が知っている言葉が使われている筈だと。その感情は、大げさに言えばある種の嫉妬心と、今まですべてを理解したつもりだった自分の浅はかさを恥じる心でした。この感情は、先生が聖母の騎士に戻られたことを知ったときのものと同質のものでした。私にとっては、何年もお目にかかっていなくとも、仁川に行けば先生がいらっしゃると云うことが、何にも優る心の支えであると同時に、毎日太陽が東から昇ることよりも確実であるもののように思えていたからでしょう。反面、いつかは、先生が転任されることもわかっておりましたので、その時は、素直に感情を受け流すことができましたが、今、また御本をいただいて、やり場のないしかも自分でも不合理に思える感情を呼びさましてしまいました。御本の中には、むしろ、よく存じている先生がおられましたので、これからは、逆に身近におられるように思えるようになって行くことでしょう。

これでは、まるで恋文のようですね。最初から、変な話になってしまい恐縮です。以下、思いつくままに、本のこととかそれ以外のことも書いてみますのでご一読下さい。

ＮＨＫ教育テレビで「アッシジ」の特集を見ることができました。聖ダミアノ教会の石造りの孤高の姿、そんな凛とした姿の中にも、人を招き入れようとする暖かさが感じられ、先生のお名前に似つかわしいと思いました。

五島における少年期のお話は、よく耳にしていたものなので、おもしろおかしい挿話と云った認識しか持っておりませんでしたが、このように一連の事実として読み返すと、そのあまりの肉体的・精神的厳しさに気づき愕然とし、両親や祖母たちに甘やかされ過ぎて育った自分の少年期は比べるにも価せず、恥ずかしい思いをすると同時に、先生に対する畏敬の念を禁じ得ませんでした。反面、あんなにすばらしい自然（高校一年生の時にほんの数日御招待頂いた折からすっかり虜になっています）に包まれて、また、表現が拙くて恐縮ですが、御立派なご両親に育てられたことは、うらやましく思われ、神様が先生のことを選ばれたのだと強く感じられます。さらに、神父様になられるまでの過酷とも見える精神的な重圧に耐えてこられたからこそ、私が感じる恐怖やためらい（物、お金、地位（？）、家族と云ったものを失う恐怖や、肉体的・精神的な苦痛から逃れようとして「家族を守る」と云った言葉を、大小さまざまな責任回避や約束の不履行の言い訳に用いてしまうことがあります）等を感じずに、あるいは克服しておられるのだと思われます。今まで、先生に感じていた「強さ・潔さ」の源が少し明確になったような気がします。それは、即ち、先生が私等よりずっと神様に近いところにいらっしゃると云うことなのだと思えます。守るべき人やもの（思想・主義・主張等も含めて、有形・無形を問わず）がある時、人は強くなれると思います。（なんだか先に書いたことと矛盾するようですが）逆に、守るべきものがあるが故に、ためらい、退くのも事実です。失うものがなければ、強さも勇気も自信も持てるのでしょうか。例え、一人暮らしであっても幾多の煩悩につきまとわれるのかもしれません。神父様やシスター方が独身で過ごされるのは、そう云った意味で、強さを感じられ、また、信頼することが出来るのだと思っています。また、下世話な表現になってしまいますが、食欲や睡眠欲や運動欲は人間が生きていく上で不可欠なものなので、これを完全に排除することは不可能であり、排除することは自己破壊に繋がるので、ある水準以上は保たなければなりませんが、性欲、所有欲、権勢欲は排除可能と思われます。残念ながら、私自身はこの後者の呪縛から逃れられずに生きていますが、先生方はこれを切り捨てておられます。それが達成出来ない者にとって、達成している者は規範であり尊敬の対象であります。（もちろん、「信仰を守る」ためだとおっしゃられるのは承知していますが。）

大学に入って、最初の全学の合同礼拝で、推定五十歳ぐらいの宗教総主事の牧師様が、「数日前に妻を失い悲嘆に暮れている。愛する者を失うことはつらいことである。自分や子どもたちは、短い期間ではあったが、病床の妻の看病に誠意を尽くした。諸君もこれからの人生で楽しいこともつらいこともあると思うが、精一杯の努力をして悔いのない人生を送ってほしい。何事に対しても誠意を尽くす、奉仕の精神がMastery for Serviceである。」と説教されました。もちろん、論旨は最後にあるわけですが、この時抱いたのは、一言で表現すれば「異和感」（むしろ「反感」と云うべきかもしれません）でした。聖職者に妻子があること、神に召された者を悼む必要などないのに、（しかも、大勢の面前で悲愴感を訴えながら）と。新入生を対象にした説教であっても、あまりにも即物的で演出過剰であると。残念ながら、以後はほとんどの牧師様の話には、生活臭というかある種の生臭さ即物的な考え方、（裏を返せば、現実的で、具体的で理解されやすいと云うことなのでしょうが）が感じられ、馴染みにくいものとなってしまいました。この感覚は、在学中の六年間は拭い去ることは出来ず、会社に入って、二人の新教の信者の人と話をして、少し薄められる様になりました。

対照的に、印象深く記憶しているのは、小学校高学年時の石橋校長先生の就任時のお話です。「原爆（台風だったかもしれませんが）の後、帰宅してみると、家は家族全員を包んだまま、一度吹き上げられ、地面に叩きつけられて、ぺしゃんこになってしまいました。一瞬にして、自分は独りになってしまったことを知りました。それから、私は修道院に行き、神様に仕えるようになりました。あのことは、今の道を進むようにと神様が私に示して下さった印のようなものだったと思っています。」と独特の穏やかな口調で語られ、「一見、不合理に見えても、すべては神様の意志によるものであると、私は確信しています。皆さんもそのときには理解できないことがあっても、神様の本当の意志を理解しようと努力し、その意志に沿うべく最善を尽くしていくようにして下さい。」と、にこやかに結ばれ、黒い装束の姿は厳しさよりも、むしろ、暖かさが感じられ、まぶしく見えたのは、陽光のせいばかりではなかったと思っています。

色々と考えている間に前文からまた、二週間ほど経ってしまい、今日は七月十日です。元々下書きを始めたのが三月頃で、いったい何をやっているのかと家内から叱られることしきりです。

近況を報告しようと思います。

北伊丹にある三菱電機のULSI研究所で次世代の電力半導体の開発をやっています。半導体というとDynamic Memory（DRAM）等のコンピューター関係のものばかりのように思われがちですが、用途や種類は非常に多岐にわたり、雲仙の航空写真等で活躍しているイメージセンサーのようなものや、無線機、コードレス電話などの通信関係のもの等があります。私たちが開発している電力半導体は、発電所で起こした電気の電圧や周波数を変えたり、モーターを回して新幹線や電車、エレベーター、エアコン等を制御して、電力損失を少なくしたりと、縁の下の力持ち的存在です。日本の製品は特にこの分野で優れており、世界中のあらゆるところで使われています。

大風呂敷を拡げるならば、現代の世界・人類の生活から争いをなくし、豊かに暮らしていくために（物質面では）無尽蔵のエネルギー（たとえば、電力をただ同然で無制限に）を見いだす必要があります。そうすれば、動植物の栽培や或いはそれに変わる合成食品の生産、衣類の生産、またそれらを遠隔地へ輸送する手段、砂漠や海底や山の中に住む（月や火星も）手段も、確保できるわけですから、衣食住が満たされ、後は、勤労・奉仕意欲や個人レベルで他人に害を及ぼさない心遣いがあれば（実は一番難しいのかもしれませんが）、理想的な社会が出来るのではないかと考えています。その無尽蔵のエネルギーは、例えば、核融合、太陽エネルギー、地熱エネルギーと云ったものやそれらの複合利用であると考えられますが、残念ながら、現在の科学技術水準はそこには至っていませんし、また十～二十年という期間では到達できないのも容易に推察できます。だからといって、あきらめるのではなく、それに携わる人たちは努力しているわけですから、自分に今出来ることは、それらの技術をサポートできる技術、製品を（大きな電力を扱える半導体素子を）開発し、また、現在の電力消費を効率的におさめるために低消費電力の半導体を作ることだと思ってやっています。

矛盾するようですが、自分自身、科学技術礼賛主義ではありませんし、自然の持つ力の偉大さも十分認識し、人間もまた自然（地球）の一部分に過ぎないと考えています。砂漠を緑化することは必ずしも正しいとは言えませんし、むしろ砂漠には砂漠の生物がおり、砂漠としての存在価値があるのだと思います。神様は存在価値のないものはお作りにはならないのですから。また、その一方で、人間にある程度、自然に対して積極的に働きかける能力を与えてくださっている以上、その力を使って生活していくのは、明確な理想と信念があれば、許されるものだと思っています。ただ、目指すものが正しいかどうかは、常に、自問していかねばならないと思いますが。

そんな様なことを考えながら、仕事に正当性をこじつけて毎日を送っています。上述の「生き物には、個々の存在意義があり、それぞれのレベルで精一杯生きており、それは人間が干渉したりとやかく言ったり、善悪の判断をすべきことでもないし、それはむしろ不遜なことである。まして、他の生き物を制御したり、制御できるという考え方は誤っている。」と云う、極めてカトリック的（と私は思いますが、誤っていましたら、申し訳ありません）な思考にぴったりの本に最近巡り会いました。是非ご一読を。もし入手不可ならば、こちらで手配致します。

「ミジンコの都合」日高敏隆・坂田明（共著）晶文社 ¥一六〇〇

日高先生は、京都大（理）生物学者で動物行動学（K・ローレンツ氏の「ソロモンの指輪」「攻撃」等の翻訳でも有名）～分子生物学の広い範囲で活躍中の方でＮＨＫでも最近は「利己的な遺伝子の振るまい」等の番組を監修なさっています。一方、坂田氏は有名なジャズのサックス奏者かつ作曲者で、水産系の大学時代（？）から海洋生物に興味を持ち、自分たちの楽団に「ミトコンドリア」と名付ける等の自然派の人です。この二人の対談やミジンコの飼い方等の楽しい話の中に、「ミジンコの都合」という思想が通奏低音の様にゆったりと慎ましく、しかし、確として流れています。私も家内も一読後、心酔し、坂田氏の「ミジンコ倶楽部」なるものに入会しています。といっても、何をするわけでもなく、年に一～二回会報が送られてくる（ミジンコの飼い方や催しの案内程度）だけなんですが。

本の話で、ついでと言っては失礼ですが、中三の時に、読ませていただいた「フランシスコ」の伝記、今一度読み直してみたいので、お手数ですが、本の題名、出版社、作者等お教え下さい。確か、文庫本より少し縦長のサイズの二〇〇～三〇〇頁ぐらいで、赤っぽい表紙の本でした。

もうお忘れかもしれませんが、あの本を貸していただいた経緯については、先生との関係を思う上で非常に大きなものの一つであり、あの時初めて、一人ひとりを注意深く見て下さっているのだなあと（担任でない全学年を通して）感じました。お返しする時に（私は本を読むのが遅く一ヶ月以上経っていたと思いますが）、私自身お話したように、正直なところ、なぜあの時私に個別に貸して下さり、しかも腫れ物にさわるような口調で感想を求めたのかわかりませんでした。先生は、私が国語の時間に書いた「白」という題の手記を読まれて自殺するのではないかと心配して下さったのでした。確かに、内容は少年期の素直な気持ちを成長していわゆる大人になることによって失いたくないと云うもので、見方によっては、ご心配をかけるようなものだったのですが、当の本人は（今でもそうですが）臆病で小心ではあっても、根が楽天的で、自殺等考えもしない性格で、むしろ死ぬ気になれば何でも出来るのではないか、母が生死の間より立ち戻ったように、また、父がそれを助けたように、頑張ることこそが正しく美しいという考え方、「神は自ら助くるものを助く」「捨ててこそ浮かぶ瀬もあり」等という結構 aggressive な信念を持っていたので、第三者的な冷静な視点を自分に対して持とうとする訓練の一つとして、ああいった文章を書いたのでした。ですから、後日「あの時は、本当に心配したのだよ。」と言われて、可笑しくも申し訳なくもあり、また、先生の大きくて暖かな慈愛に包まれている安心感を覚えました。そう云ったところが、仁川の居心地の良さであり、私にとっては、天国のようなところだったのです。遅まきながら、改めて、お礼を申し上げたいと思います。ありがとうございました。

話は戻って、なぜフランシスコの伝記かというと、長年みたいと思いつつも、機会を失っていた「ブラザーサン・シスタームーン」を、昨年テレビで見ることが出来ました。監督のゼソフィレッツリについては、オペラの映画化等で、その実力を良く知っておりますので、期待通りの美しい映像・音楽・明瞭な筋立てと解釈でした。少し残念だったのは、フランシスコその人が、あまりに単純化されすぎていること、先の伝記の記憶にある、ある種の強情とも思える神・自然への憧れと情念、清貧へのこだわりや（名前は忘れましたが）あるシスターとのプラトニックな熱いが美しい関係に支えられた力強い信仰とその原動力と云った大切な観点が欠落している様に感じられました。勿論、伝記自体もある種の脚色がなされることは承知の上ですが、私の思うフランシスコ像は、やはり、あの伝記の中の人物ですし、先生もそう考えておられたのではないかと思います。それ故、もう一度、読んでみたいと思っています。

失礼とは存じながらも書けば書く程、書き足りない気がして、今日はもう七月二十六日です。感想の話が横へそれてばかりです。

「女子大生」の章のお話。結婚前にお話を伺いに行った時帰り道で、本当に厳しい話だなあと二人で言い合っておりました。あれ以来、「あんたやから」と言う言葉を、互いの心の支えにしております。また、この本を、プロテスタントの友人に見せたところ知恵の書の美しさに惹かれたとの感想をもらい、旧約聖書を貸すと、それを写しておくのだと言っておりました。美しさと厳しさは裏表、優しさと切なさも裏表、先生だからあの様におっしゃることが出来たのでしょう。

中学や高校の思い出、六年前に亡くなった祖母のこと等、とにかく、お目にかかってお話ししたいことが沢山ありますが、今回はこの辺で、筆をおくことに致します。

お礼と云っては失礼ですが、ビデオテープを送らせていただきます。名演と言う程ではありませんが、映像が美しく、珍しい古楽器を使っていること、また、若い人には、音楽だけより映像付きの方が親しみやすいのではないかと思います。

最後になりましたが、関西にお戻りの折りには、是非ご一報下さい。

又、折をみてお便り差し上げてもよろしいですよね。いつの間にか、中学生に戻ってしまった自分が恥ずかしい気が致します。

それでは、このぐらいで失礼します。

崎濵先生へ

一九九三年七月二十六日

エッセイ

青大将

テレビなどを見ていると、ヘビをペットにして可愛がっている人がいると知って驚くことがある。

少年の頃の私も、青大将などは平気で掴んでいたので怖いとは思わなかったが、好きというものではなかった。道端や田畑などでヘビを見つけると、たいてい尾の方を掴みぐるぐる回して遊んでいた。

振り回していた訳は、地面からヘビを掴み上げると、ヘビは当然のように口を大きく開けて私の手に噛みつこうとする。毒はないと知っていても、噛みつかれるのは嫌だったので、遠心力で頭を近づけさせないためである。

長く掴んでいると、ヘビ独特のいやな臭いが手に残る。しばらく遊んだ後、足元の石などに頭をぶつけて弱らせ、地面に置いて徹底的に打ちのめし、死んだことを確認してから山の中に投げ捨てていた。

残酷だとは知っていたが「ヘビを半殺しにしておくと、夜中に寝床までやってきて首に巻きつく」と聞かされていたので、仕返しが怖かったためである。

浜に近いところで掴まえたヘビは海に投げ込んでいた。すると岸の方に泳いで逃げようとする。小石を手前に投げ続けていると仕方なく沖の方に泳いでいた。そのうちたいてい空高く飛んでいるトビのエサになっていた。

学校への途中、小さな比較的かわいらしいのを見つけると、学校の手前を流れている小川の水で洗い、机に向かって勉強している女の子の首に巻きつけるなどのいたずらも何回かしたことがある。

私からの被害を受けていたのは、主に同級生で従姉妹のツタエであった。やさしい叔父に叱られたことは、そのことも含めて一度もなかったからである。

私たちが平気でヘビをいじめていたのには、実は理由があった。

当時、守らなければならないとされていた教会の教えには、現在に比べるとかなり厳しいものがあった。

例えば、ミサの中で、キリストのお体であるパン（ご聖体）をいただくためには、心に大罪を持っていないことはもちろんであるが、前日の夜十二時以降は食べ物ばかりでなく、水の一滴でも飲んではいけないことになっていた。神さまのお体をいただくために、口の中もきれいに準備しておく必要があったからである。ミサに出かける前、弁当を用意していると、手についたご飯粒をうっかり口に入れてしまうことがあった。そんなときでも聖体拝領はしていなかった。

また、通常の金曜日は「小斉日」と呼ばれ、肉類は食べてはならない日となっていた。キリストの受難にあわせて、信者たちもすすんで苦しみを捧げようという精神である。

さらに、復活祭前の灰の水曜日から始まる四旬節の金曜日は「大斉日」で、断食の日であった。当時「ゼゼン日」と言っていたが、これはラテン語の「Jejunium」が訛ったものである。

現在は、大斉小斉日とも義務としては年二回になっていて、朝は少量、昼は普段通り、そして夕食を半分ぐらいにすればよいことになっている。当時はたしか、一日一食しかとっていなかったように記憶している。

このような例でもわかるように、教えられたことは細かい点でも厳格に守ろうという信者たちの雰囲気があった。

そのような状況の中で、ヘビはあのイブを誘惑し神さまに背かせた悪魔の化身であったのである。

イブとアダムが犯した罪（原罪）のため、人間は楽園を追われ苦しまなければならなくなった。ヘビは神さまに呪われた悪魔の象徴として、私たちの恨みを一身に受けていたのである。

「ヘビを一匹殺すと、ロザリオの祈りを一本唱えた効力がある」と言われていた。もちろんこれは親から教えられたことではなく、子どもたちから口づてに聞いていたことであった。このようなことは一度耳にすると忘れないものである。

日曜日「今日は留守番をしていなさい」と、ミサに出かける親たちに命じられることがあった。そして「ちゃんとロザリオのお祈りもするんですよ……」と付け加えられていた。

ロザリオを一本終わるのには約二十分はかかっていた。私は朝食を終わると、浜の近くの従兄弟たちの家に行き、彼らを誘い、竹棒などを持ってヘビを探し、何匹か殺して祈りに換えることにしていた。その方がずっと楽だった。

「今日は○本ロザリオをしたよ……」と自慢げに母親に報告していたのである。

ヘビを見つけるといつも殺していたわけではない。村から村への道端などには、何ヶ所か水飲み場があった。水を飲もうとして水場に行くと、ヘビがカエルを狙ってじっとしていることがよくあった。そんなときには、近くに小石を投げて追い払い、しばらく待って水を飲んでいた。

水場の近くでヘビを殺すと、血が水に混じる恐れがあったので気味悪かったからである。

それにしても、ヘビにはかわいそうなことをしてしまったと思う。今はマムシ以外を殺すことはない。しかし、今でもどうしても私はヘビが好きにはなれない。

アブ

夏の海辺で魚釣りなどしていると、うっかりアブにやられることがあった。時には泳いでいるときでも、坊主頭をめがけてしつこく付きまとわれることもあった。

アブは、大きいのはたいていスズメ蜂のような茶色をしているが、小さいものはどちらかといえば緑に近い色をしている。

「アブに刺された」という人がいるが、蜂が刺すのと違って、口で人畜の血を吸っているといった方が正しい。むしろ小さな吸血鬼とでも呼んだ方がもっと正しいかも知れない。ただ、一般的には蜂に刺されるより、後遺症などの被害は少ないようである。少年の頃の私にとって、アブは夏の間のオモチャであった。

小学校で習った教科書の中に、ある男が何かにつまづいて転び、起き上がってみると手には藁を掴んでいた。捨てるのももったいないと思って歩いているうち、飛び回っていたアブを捕らえワラで縛って遊んでいたことから、最後には家屋敷までただで手に入れるというおもしろい話が載っていたことを覚えている。

私の話はそんなにいい話ではない。一部の人たち、特に若い人たちには軽蔑されるかもしれないが、アブをオモチャにしていたというより、いじめていたのは本当のことだから正直に白状することにする。

私の家では同居人のように隣に飼っていた牛は、夜は牛小屋の中に入れていたが、昼間は雨天以外の時には外に出してつないでいた。

私が四年生の時姉が隣村に嫁いでからは、牛の世話の大半は私の仕事となってしまった。牛はよく食べるので、草刈りやワラ切り、更には牛小屋の清掃など子どもにとってはかなりの重労働である。

屋外に繋がれている牛は、アブにとってはおいしい血を吸える格好の獲物であった。

動物は牛に限らず猛獣から身を守るすべばかりでなく、アブや、ハエ（ハエの一部にも血を吸うものもいたようだ。）などからも身を守るコツも知っているらしい。

牛の場合は、頭や足、シッポ、耳などで、それらを追い払うのであるが、もう一つ特技も持っている。前足の外側にアブや、ハエがとまると、そこの筋肉を小刻みにではあるが、上下に激しく動かすのである。それは、アブといえどもしがみついておれない勢いであった。

しかし、牛がどうしても追い払えない部分が一ヶ所だけ残っていた。誰でも弱点の一つぐらいは持っているものである。

それは、腹の真中、つまりおヘソあたりである。足を曲げても届かない。シッポを振っても腹の途中までしかカバーできない。首を折り曲げて、長い舌をのばしてもダメだった。

アブは、本能か経験か知らないが、ちゃんとその部分を知っていたのである。

時々牛に草などを持っていって食べさせていると、アブが腹の毛の中に頭をつっ込み血を吸っていた。

牛を守ってやる義侠心でなくても、私にとってアブより牛の方がはるかに大切な存在であったし、牛には愛着もあった。

牛小屋を掃除して新しいワラを敷いてやると、牛は気持ちよさそうに身を横たえて、ゆっくり口を動かし、下アゴを回すようにして反芻し始めていた。私は本当に胃の中の食べ物を口まで戻して噛み砕いているのか確かめたくて、牛の首を抱くように腕を回し、手の平をノドに当ててみていた。すると、かすかに食べ物の出し入れが手の平に伝わり「なるほど」と納得していた。

そのような牛と私の関係であったから、アブは私にとって憎い敵みたいな存在であった。ご馳走にありついて夢中になっているアブを捕まえると、牛の恨みとばかり足元の松葉を拾って胸から背中へと突き通す。アブは逃げようとして力一杯羽根を動かしていた。

そして、道端に小さな棒切れで穴をあけ、それに松葉の根元を固定すると、ブンブンと羽音をさせてゆれていた。どこからともなく次々とやって来るアブを捕まえ、同じようにして私は牛を守ってやっていた。

道端に五匹ぐらい並べて一度に羽音を出させると、共鳴し合うかのように、かなり迫力のある音になっていた。

しばらくして、最初の一匹から松葉を取り外していた。「そのあたりで止めておけばよかったのに……」と今では思う。しかし、私は大切な牛の血を吸った憎い口を爪で挟み一気に引き抜いていた。かなり周到な仕返しである。

今度は両方の羽根を約半分にちぎって飛ばしてみていた。すると、本来「ブーン」という羽音は「アーン」という甲高い音に変わっていた。そうなると早く遠くへ飛べるはずがない。近くをうろうろしているので、又捕えられ、最後には羽根全部をちぎられて足元を歩かされていた。そのうちアリのエジキとなって巣に運ばれてゆく運命をたどっていた。

高校生の「宗教」の授業の合間に、この話をしていたら「それでも神父か！」と、生徒に言われたことがある。もっともな言葉である。

小学生の頃、何げなくごく当然のようにやっていたことでも、今静かに振り返ると、とても残酷なことをしていたものだと思うことがたくさんある。音もなく手や足にとまっている蚊を、平手打ちの一撃の下に絶命させることだって、蚊の立場に立ってみなくても残酷なものである。

このところ室内に迷いこんできて、ガラス窓の内側でバタついている蜂やアブなどは、網戸を開けて逃がしてやることにしている。「蜘蛛の糸」を期待しているわけではないが、少年の頃のムチャクチャな遊びの反省の気持ちが、少しは働いているのかも知れない。

カンコロ

どことなく田舎くさい名前であるが、親しみを感じさせるいい響きの言葉ではないかと私は思う。語源がどこから来たのかよくわからない。カステラなどのように外来語の一種かも知れない。

五島列島出身の人で私たち世代の人たちの中には「カンコロ」と聞いただけでうんざりするという人が多い。一方では「あれはおいしい」と、目がない人もいる。カンコロは好きと嫌いがはっきりした不思議な食べ物である。

カンコロの原料はサツマイモであるが、二種類のカンコロがあった。芋を洗った後、薄切りにしてそのまま乾かした干しガンコロと、皮をむき薄切りにした後、釜でゆがいて乾燥させた茹でガンコロである。干しガンコロは、主に焼酎の原料として売り出していたが、一部はよく砕いて粉にし、だんごにして食べていた。どういう訳かそのだんごは、片手で握って作っていたため、人の指の跡がはっきりわかる細長く黒いだんごだった。砂糖など付けて食べると結構おいしかった。私の家で、ほぼ毎日のように食卓に出されていたのは、茹でガンコロを蒸した後、細切れにシャモジで砕いて食べるカンコロ飯であった。私の家だけで無く、戦後の貧しい時代の五島列島の代表的な食べ物であったといえるかも知れない。食べた後には、胸焼けや便秘などの覚悟もしなければならなかった。

うんざりすると言う人たちは、このような苦い思い出が、いまだに脳裏を離れないのであろうか。黒色のメシは、白米のそれとはあまりにも好対照をなしており、貧しさのシンボルとして、あの頃の生活体験と重なり合っているためかも知れない。

茹でガンコロは餅にもなっていた。カンコロに粘り気を出すため、先についていた米餅を二・三個セイロに入れてよく蒸した後、臼に入れ、杵でしっかりつき、カマボコを大きくしたような形に丸めていた。この餅は長く保存できていた。今では、五島列島のお土産としてもこの餅は売られているが、自家製のものがおいしかったような気がする。餅用のカンコロは、甘味の多い種類の芋をえらび、皮などは丁寧にむいて作っていた。

私の家には、「ミツバイモ」とか「ボケイモ」とも呼ばれていた、とても甘くおいしい芋があった。赤い色の芋で細長くいい形をしていた。また、一本のツルにたくさん生る種類の芋であったが、ある年は同じツルに二十二個も付いているのが掘り出され、品評会にだそうかという話が出たほどである。

この芋に人気があったのは、生のままかじっても甘くおいしかったことだ。中身は真っ白で、蒸すと黄色くなり、餅にすると糖分が多いためであろう真っ黒になっていた。腹をすかした私たちが、畑の土の中からえぐり出し、土を落としただけで洗いもせず、皮ごと食べていたのはこの芋だった。

しかし、この芋は、掘り出して収穫した後、保存して冬を越させるためには細心の注意が必要だった。上質のものは壊れやすいものである。ある年、床下に二つある芋釜の一つはこの芋でいっぱいにしていたのに、春になって苗床に植えるため釜を開いたところ、やっと籠一つ分しか生きていなかった。父が悔しそうな顔で、芋の腐った部分を切り落とし、残った芋を一つひとつ籠に入れていた姿を覚えている。保存が難しかったためだろうか、私の村で、この芋を栽培している家は五戸ぐらいしかなかった。

昭和四十年頃から過疎化が進み、今では人の姿と共に村から芋畑もほとんど消えてしまった。しかし、ミツバイモだけにはどこかで巡り合いたいと思う。

最近、ある人から聞いた話であるが、例の手形付きのだんごを友人からたくさんいただいたので、隣の方にも分けてあげようと持って行ったところ、そこの御主人は「これはヤソ（キリシタンへの蔑称）の食べ物じゃないか……」と、嫌な顔をしていたという事であった。

迫害に苦しみ、長年赤貧の中で生きていたキリシタンたちが、ギリギリの生活の中の知恵として、カンコロを産み出したのかも知れない。急にカンコロが懐かしくなってきた。今度食べる機会があったら、じっくり味わってみたいと思う。

ルルド

若葉より　湧きてルルドの　水の音

本校で学んでいたある高校生の句である。ここ長崎・本河内の聖コルベゆかりのルルドの春先の感じがよく表現されていると思う。

私にはこんなにきれいに詠めそうにはないが、この三年間、ほとんど毎日のようにルルドに行っている。お祈りするためというより、散歩していると言った方が正しいのかも知れない。

四季折々に表情を変える参道と、その周辺の風景を眺めるだけで、何となく晴れやかな気分になり、開放感を味わうことができるし、私にとっては楽しい日課となってしまった。

小神学生時代もよく来ていた。五月の聖母月、秋のロザリオの月、そして土曜日の午後は全員でロザリオを唱えていたからである。

「青葉若葉に風薫りて……」聖歌の詩そのものだと思うこともあった。

しかし、丸刈りの坊主頭に容赦なく照りつける太陽。つむじ風となって足元を吹き抜ける季節風の中で、声をふるわせて祈ったことなどをよく思い出す。

あの頃から早四十近く刻まれた年輪が郷愁を誘うのだろうか、今では、ルルドが最も心安らぐ場所である。

「この楠の木は、聖コルベがいた頃から生えていたのだろうか」

「あのタブの木や梅壇なら、きっと聖人の目に留まったことがあるに違いない……」などと、一昨年の十九号台風の猛威にも負けなかった大木を、頼もしく見上げたりしている。

そのうち、いつしか六十年前にタイムスリップして、聖人が目の前にたたずんでいるような錯覚に落ちることがある。

何十回となく衣替えしていく中で、ルルドが一年中で一番輝いている季節は四月の中旬から五月の連休頃までである。いろいろと見方はあろうが、私はそう思っている。

山吹、フジ、ツツジなど、それぞれが与えられた能力を競いあって、聖母マリアを賛美している。

夏の夕立の後もいい。冬の雪の日の眺めもまた格別だ。

しかし、私が一番好きなルルドは、晩秋も日没が迫った頃である。聖母マリアに真正面に見つめられた落日は、真っ赤に燃えて私の背中に、温かい暖かいまなざしを投げかけ、身体の芯まで包んでくれるからである。

帆かけ船

帆を利用して風の力で動く船はヨットの名で呼ばれるため、帆船、特に帆かけ船という説明をしなければ解ってもらえなくなってしまった。私が少年の頃は、いろんな種類の帆かけ船があった。かなり大きな船で、マストも三本ぐらいあり何枚も帆を広げて動いていた貨物船などもあった。日本ではレジャー用のヨットは別として、数隻の大型練習船を除いて帆船は消えてしまったようであるが、東南アジアや中国などでは、今でもジャンク船などが使われているのをテレビ等で見ることがある。

小舟に帆を張って走っていると、吹き抜ける涼しげな風の音と、バシャン・バシャンと船が波をたたく音しか聞こえないので、とても静かで気持ちの良い乗り心地がしていたものである。気分が良かった理由としては、時には、うるさいエンジン付きの船に負けないくらいのスピードが出ていたことと、きつい作業だった櫓をこぐ手を休めることができていたからかも知れない。

半農半漁の村人たちと同じように、私の家にも小さな伝馬船があった。伝馬船の櫓は二本立てで、イケスもあり、魚釣りやイカ釣りに利用していただけでなく、日曜日には家族や親戚の人たちが教会のミサに出かけるための大切な足ともなっていた。現在のような「定員」の規制などなかったので、多い時には十二・三名乗り込んで出かけていた。自家用車の代わりとでも言えるが、用途が広く、乗用車と軽トラックの役割をこなしていたと言った方が正しいと思う。

伝馬船で思い出すのは、秋から初冬にかけて毎晩のように行っていたイカ釣りや夏の魚釣りのほか、大潮の日に干潮のころを目指して、家族でサザエやアワビなどの磯もの採りに出かけていたことと、信じがたい事かも知れないと思うが、田んぼに撒くための肥料調達にも行っていたことである。

岩場の海岸にびっしり付着している貝類を削ぎ落とした後、大きなアワビの殻等を使って掻き集めて籠などにいれ、伝馬船に積んで持ち帰っていた。それは

「フセ」と呼ばれていたが、漢字ではどう書くのか知らない。「フセ切り」という専用の道具は、村のどの家にでも何本か置かれていた。フセを水田に散布すると、植えられていた稲は、一週間もしないうちに濃い緑色に変わり肥料の効果が確かめられていた。

伝馬船はまた、山から切り出して乾燥させた薪運びにも使われていた。木の大きいところを一メーターぐらいの長さに切った「しめ木」と、先の細い部分をまとめて縛った「ビャーラ」を積み込んで売りに行くためだった。薪をいっぱい積み込むと、櫓が一本しか使えず、中学生になってからはほとんど私が漕いでいたのでかなり苦労していたことを覚えている。

私が高校二年生の夏休みの事だったと思う。家で収穫した米を精米するため、母と二人で伝馬船で出かけることになった。精米所に行くためには、村から田の浦瀬戸に出、ノー瀬と呼ばれる岬を回り堂崎天主堂の外側を通って深い奥浦湾に入り、一番奥まで行かなければならなかった。櫓をこぎ続けて約二時間の道程である。伝馬船は人が歩く程度しかスピードは出ない。従って遠くへ行く場合には潮の流れを利用していた。田の浦瀬戸では満ち潮は南から北へ流れ、引き潮は逆に流れる。

その日は、朝から引き潮で午後になって満ち潮になることが分かっていた。そのため朝早く出て行けば、精米が終わって帰りは満ち潮に乗って帰れるだろうと計算して出かけた。手漕ぎの伝馬船では、潮の流れに逆らって進む事等は、ほとんど不可能な事であった。

ところが、その日精米所には先客は誰も来ておらず、精米は予定よりかなり早く終わってしまった。帰り始めて気付いたのであるが帆を張るのにはとてもいい東風が吹いていたのだが、帆と舵を積み込むのを忘れていたのだった。引き潮の流れが早いノー瀬の流れの勢いは強く、潮の流れが緩むまで待つしかないと観念せざるを得なかった。

ただ、帆柱は積んでいたので母と相談し、船の抵抗を少なくするための積荷を舳先の方へ動かして帆柱を立て、私が着ていた長袖のワイシャツを脱いで竹竿に通して固定し、唐草模様の大きな風呂敷をシャツの裾に結び付けて帆柱に引き上げて見た。そして、舵の代わりに舵穴に櫓のハを差し込んでみると、何と船はスイスイと動き、潮の流れに逆らって前進する事ができたのである。「やったぞ！」

と大声で叫びたくなる気分だった。行きかう船からは手を振ってくれる人がいたり、笑顔も見えていた。今でも忘れられない愉快な体験である。

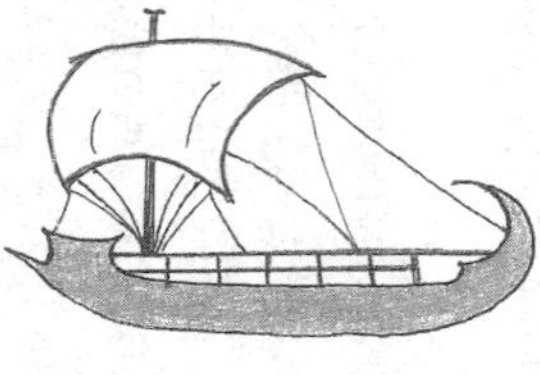

「ある出会い」――ヨゼフ石崎清人氏について――

五年前の十一月七日、黒いリュックを背負い、野球帽を被ったまま私を訪ねて学校の玄関に現れた男がいた。ヨゼフ石崎清人氏である。

彼と最初に会ったのは今から丁度二十年前、ロサンゼルスのリトル東京近くにある日本人教会に行った時であった。渡米して二カ月、日本語が懐かしくなって日本人教会へ出かけ、日曜日八時からの日本語ミサの後に、戦後すぐ天草から移住していたという玉川さんという方に昼食を誘われた時、単身の彼も一緒だった。

その後、月二回の日本語ミサを司式することになり、顔を合わせる機会が増え親しく話すようになった。八月になって私は海岸に近いトーランス市の修道院へ移った。そこから石崎さんの家までは車で十五分という距離になったため、海釣り公園での魚釣りや、ボウリング等で平日でも時々遊ぶようになった。

彼が渡米したのは、オイルショックの後でまだ二十年も経っていなかった。実を言うと彼は非常に腕のいい彫刻家で、日本橋三越デパート本店の中央入り口の上にあるマーキュリー像は自身の作だと言っていた。後に日本の彫刻界の第一人者と言われた船越保武氏に勝って受注したらしい。また、宝塚市の御受難会黙想の家の門を入ったところにある、両手を広げたキリスト像や、京都九条教会の祭壇十字架も自分のオリジナル作品であると話していた。

アメリカでは当初聖像製作等をしていたが、後に会社を設立し、主に電気スタンドのプラスチック製支柱等を鋳型で大量に作り販売して会社も安定していた。社長は一人息子のトム君が引継ぎ、彼は週二回、少しだけ顔を出せばよいという恵まれた隠居生活を楽しんでいたのだった。

海釣り公園ではヒラメや鱒などが釣れていたが、一度は鰹を釣ったこともあった。釣った魚は彼の自宅で、私が刺身をつくり、他は彼が準備するなどしてよくご馳走になった。何回か訪ねているうちに、居間の壁に貼ってある大きめのカレンダーのことが気になりだした。私が訪ねる三日位前までの数字の上に、赤や黄色のバラの花が描かれていたのだ。理由は彼が話してくれた。

「私はオイルショックの時、資源のない日本はだめだと思って一人息子を連れて渡米してきました。年老いた母と嫁もいましたが、身軽になるために、母には僅かなお金を持たせて親戚のいる韓国に、そして嫁は離縁して島根の実家に帰しました。当時五年生だった息子はもう結婚して子どもにも恵まれましたが、十分な教育もしてやれませんでした。私は大変な親不孝をし、嫁も悲しませてしまう事になりました。私の罪を神さまに赦して頂くため、また、息子たちの家族をマリアさまに守っていただくため、ロザリオの祈りを毎日十本ずつ唱えているんです。祈り終えた印に、バラの花を描いています。」

私はバラの絵の意味が理解できたと同時に、大人になって洗礼を受けたという彼なりの信仰の姿を知ることができ、爽やかな風を感じた。

私が帰国後三カ月して、彼は仁川の修道院に姿を見せた。今考えると、それは彼にとって死に場所探しの旅の始まりであったとしか言えないのである。

久しぶりに再会を喜んだ私だったが、同時に一抹の不安をおぼえた。彼はアメリカを引き払い、息子に宛てた置き手紙をアパートに残し、車はロサンゼルス空港に乗り捨ててきたというのである。その上、私に世話になりたいと言い出した。所持金が三十万円あるから当分は大丈夫だと極めて楽観的であった。

修道院の一員である私が世話できる訳もなく、しかも三十万円ではアパートを借りることも無理だったので、しばらく修道院の側にある小さな離れ小屋に住まわせてもらうことになった。そのうち、ある機械メーカーの鋳型造りの仕事が見つかり、生活費は十分稼げるようになった。ところが一年も経たないうちに、「大分のトラピスト修道院にはいれるようになった。」と言って、行ってしまった。

数か月後、私は湯布院での黙想会に参加したついでに修道院を訪ねてみた。彼は白い作業服を身につけ、敷地内のクッキー工場で元気に働いていた。「ここだったら老後の心配も不要だ。」と私は内心ほっとしていた。しかし、それからちょうど一カ月後、「トラピストはやめました。今、東京の新島の石切り場で働いています。新島にて石崎。」というはがきが舞い込んだ。

それから十三年も過ぎた五年前の十一月、彼が長崎にひょっこり姿を見せたのである。その間、何の音沙汰も無かったので「生きてたんだ！」と、私は正直驚いた。「東京を出る時は十万円あったがついでに五島まで行って来たので、今は三万円しか残っていない。」ということもあり、とりあえず修道院に一つある畳の部屋に泊めることにし、食事は寮生たちと同じもので我慢してもらうことになった。

新島では、働き始めて半年後足を怪我したため会社を辞め、廃材などを利用して自分の霊名の聖人である聖ヨゼフ像を彫り、関東地方の教会や修道院で買ってもらって生計を立てていたという話であった。長崎にやって来た理由の一つは、こちらにはカトリックの信者が多く、教会もたくさんあるので、聖像作りや修理の仕事もあるだろうとの計算もあったようである。

手始めに、学園の玄関前の無原罪の聖母像を塗り直してもらうことになった。この聖像は、聖コルベの在任中に取り寄せられた貴重なものだと私は思っている。彼は入念にペンキを剥がし、明るい色に塗り直した。そして、とてもきれいに仕上がった。マリアさまの瞼にアイシャドーまでつけてある。登下校の生徒たちからは「マリア様が美人になったね!」と囁かれていた。

次に隣の修道院の門の上のご像の塗り直しも依頼され、約二週間後の十二月九日土曜日、後片付けを残すだけで完成した。その夜は二人で居酒屋へ行ってささやかなお祝いをした。十二月十一日月曜日、一日中雨。火曜日は冷たい季節風が吹き、とても寒い日だったので片付けの仕事は休んでいた。翌水曜日は、暖かい天気だったが仕事に来ていなかった。そのころ彼は近くに安い部屋を借りて住んでいたので、夜になって家に行ってみると風邪をひいたらしくベッドに寝ていた。

十四日、昼過ぎに訪ねてみるとまだ寝ていた。「食欲が無く、ほとんど食べていない。」と言うので、私は市場へ行き、バナナとミカン、彼が好きだったキムチ、肉ジャガ、そして風邪薬と食欲増進のためのアンプル剤を買ってきた。「何か口に入れてから薬は飲んでください。」と言って、まずアンプル剤を飲ませた。彼は「おいしくない」と言って、枕元に置いてあったペットボトルの水を飲んで横になった。

勤務時間が終わった午後四時半過ぎ、「温かいお茶でも……」と、家に行って声をかけたが返事がない。部屋のドアを開けてみると、ベッドの脇にタオルを四つ折りにして、頭の下に置き、左向きに横になっていた。先ほど点いていたストーブは消してあったので、「こんな寒い所で何をしてるんですか?」と声をかけたが、反応が無い。体を揺すっても微動もしない。あわてて脈を取って見たが何も感じなかった。

救急車で運ばれた病院で、私はすぐ数名の私服警官に囲まれ事情聴取を受けた。私が第一発見者だったからである。一時間後、自発的な動きは全くないと医者に告げられ、少し迷ったが仕方なく機器類を外してもらった。急性心不全と診断された。

翌日、彼が最初に泊まった部屋で通夜を行った。何回か寮で一緒に食事をしたことがある寮生たちが約三十名ほど参加してくれた。生徒たちの姿を見て久しぶりに涙が滲んできた。「ふだん着のままで良い」と伝えていたのに、全員が制服を着用していたからである。

十二月十六日、司祭二名と十名の参列者で葬儀ミサを行い、私、教頭、事務長、寮長の先生方四名で火葬した。遺骨は現在、カトリック東長崎教会の納骨堂に安置していただている。

長崎へやって来て僅か四十日しか経っていなかった。警察や病院関係者とのやりとりや手続きの中で分かった事であるが、私が身元引受人になっていなければ「行き倒れ」として役所管理になってしまっていたらしい。新島でそんな事になっていれば、ミサはおろか「めでたし」の一回さえもしてもらえなかったはずだ。
　中学生、高校生たちの若々しい聖歌と祈りの中で送られた彼の最期は、はからずも彼が祈っていたようになった。「私は人に迷惑をかけないように死にたい。ミサは一回だけでよい。」長崎への六十九歳の人生の最後の旅は、死に場所決めの旅だったと私は思っている。

（この稿は、二〇〇六年と翌年の二回に分けて、聖母の騎士学園同窓会誌に掲載したものを一部修正したものである。）

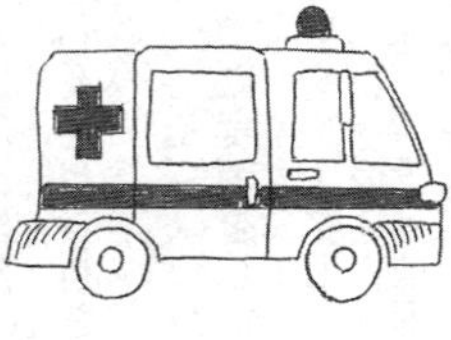

連絡船

「長崎今昔物語」（よか研究会）掲載

五色のテープが幾重にもはられた中「蛍の光」のメロディーにのって、連絡船は静かに桟橋を離れていた。送る者も送られる者も、笑顔よりは涙で光った顔の方が多かったように思う。福江の波止場で毎朝繰り広げられた光景である。

昔は、五島と長崎を結ぶ乗りものは一日一便の連絡船だけであった。現在では、飛行機もあり、高速のジェットフォイル、そしてフェリーは毎日三便も出ている。

そうした状況の変化もさることながら、近頃はテープがはられるような別れの場面に、春の移動の季節ぐらいにしか見ることができない。私が初めてテープを持ったのは、父の葬式に出て東京へ帰る時だった。桟橋の上で目を真っ赤にした兄の姿を見ているうち、葬式の間は一度も流れなかった涙が、私の目に少しにじんできたことを覚えている。

そのような体験からか、私は波止場という字を見るだけで、何となく淋しいような悲しいような感傷的気分になってくる。

中高生の頃は、連絡船に乗ると、私は夏でも冬でもほとんどデッキの上にいた。私たちが買っていた三等の切符では、船底の暗い部屋にしか入れなかったし、出航するかしないうちに早々と船酔いして吐いたりする人がいて、居心地があまりよくなかったからである。

デッキの上にいると、いろいろ変わってゆく景色を眺めることができた。飛び魚などは、いつでも見ることができたし、時にはイルカの大群が船に併走するように泳ぐ姿を見ることもあった。

実を言うともう一つ理由があった。船がもし転覆でもしたら、出入口が一ヶ所しかないあの三等室では、助かるのは不可能だろうというかすかな恐怖心も働いていた。特に荒天の時は、酔う人も多くなると予想できたのでいつも外に出ていた。

名にし負う玄界灘ほどではないにしても、五島灘も外海であり、台風のうねりや季節風の頃には、海はかなり大きく波立っていた。

そしてまた、デッキの上では様々なドラマが展開されていた。ある時、子牛が一頭、船尾に近いデッキの支柱につながれていた。親と別れた悲しさなのか、初めての旅のためか不安そうな目をして私たちを見ていた。私は子牛の首の下、つまりノドあたりをさすってやった。たいていの牛はそこを撫でてやると首を長くして喜んでくれていた。

しばらくすると船がひどく揺れ出した。島影を抜けて外洋に出たのである。船が傾く度に子牛は足をふんばっていたが、そのうち耐えきれなくてとうとう転んでしまった。それほど傾斜が大きくなる揺れであった。何度も転ぶうち子牛のヒザのあたりがすりむけて血も流れ出した。子牛は小さく「べェー」と山羊のような声を出して助け手を求めている様子であったが、私も自分の体を支えるだけで精一杯であった。

あの子牛がどこへ連れて行かれたのか知らない。

ある時は、一人の青年が涙を拭こうともせず、港を出てからも長い間ハンカチを振り続けていた。波止場の人影が見えなくなっても、ずっと立ったまま、小さくなってゆく島の方に顔を向けていた。

私は中学三年生ぐらいだったと思う。その頃は一人の人間の旅立ちの背後に、いろいろと事情があることなど、あまり深く考えてみることもなかった。かえって一時間も二時間もじっとしている青年の姿に「おかしな人だ……」とさえ思っていた。

どうして青年の旅立ちの理由を知ったのか忘れてしまったが、彼は家族と別れ、たった一人で南米のボリビアへ移住するために出発していたのだった。

「帰る当てのない旅は苦しみでしかない」という言葉を聞いたことがある。当時南米などへ移住していった人たちは、そのほとんどが故郷の山河に今生の別れを告げての旅立ちだったのである。

日本の高度成長を支えることになった、いわゆる集団就職の形で都会の雑踏の中に消えていった少年少女たちの姿も忘れることはできない。

貧しい最果ての島から、これまで何万人の人が旅立っていったのか知る由もない。まして流された涙の数がどれほどになったのかも知らない。しかし、あの連絡船を利用した人たちが、それぞれの人生を背負い、別れのドラマを数多く残したことは事実である。

船出を告げるドラの音を思い出す度、私の胸に不思議な感情が呼び起こされ、どこかへと通り過ぎていく。

ヨハネ・パウロ2世教皇様

1）広島編

昭和五十五年秋のことだった。翌年二月、ローマ教皇ヨハネ・パウロ2世の来日が決まったと、マスコミ各社によって一斉に報じられた。日本にとっては有史以来始めての出来事であり、夢のようなニュースであった。しかも、長崎の聖母の騎士修道院を訪問することも報じられていた。教皇さまは、祖国ポーランド出身の福者マキシミリアノ・コルベ神父を尊敬している事は知られており、その足跡を訪ねたいという思いから決められた事だろうと納得した。

当時、私は西宮市にある仁川学院で主に中学部で勤務していた。教皇来日に関連して学校として何ができるか模索する中で、「長崎の聖母の騎士修道院を訪問して下さる事のお礼の意味を加味し、広島での平和アピールに協調して臨時特別休校とし、参加希望の生徒を広島へ連れて行き、そこで平和アピールに賛同を示す事にする」と決まった。

臨時休校の知らせの中に、参加申込書が同封されていた。参加希望の生徒を集計すると、中学・高校生が六十名、保護者が八十名、小学生が百二十名となっており、小学生の内訳は一・二年生だけで約六十名となっていた。小学校では、遠出の場合や宿泊を伴う行事は、三年生からということになっていたのであるが、その時は、一・二年生の保護者にも休校の連絡と参加申込書が入っていたわけで、今更ダメとは言えず、結局全員を連れて行くことになった。

新大阪発の新幹線の車両を三両貸し切りで出発し、広島駅からはバスで平和公園に着いた途端「戦争は人間の仕業です。」というアピールが聞こえてきた。私には遙か遠くに教皇さまのお姿を捉える事ができたが、小学生の子どもたちには、声しか聞こえていない。私は、一・二年生の子どもたちを代わる代わる抱き上げ、人垣の上から教皇さまが見えるようにし「白い着物で赤い帽子の人がパパさまですよ」と言って、次々に見せてやった。

アピールの時間が終わると、私たちの方向へとゆっくり歩いていた。目の前はかなりの人垣ができ、通路は右の方に折れていた。会場入り口付近だったようだ。前を通る時、何人かの子どもたちを抱き上げて見せることができた。しかし、教皇さまは笑顔を見せ、小さく手を振りながら右手の資料館の建物の中に消えて行った。

私は「せっかく意気込んで来たのに、これで終わりなのか」と、あっけなく終わってしまった平和アピールを、物足りなく思っていた。そして、予約していたホテルでの昼食に向かうため、引率の教師たちは「はい二年生はこちらに並んでください！」「一年生はこっちだよ！」など、児童や生徒たちの点呼の準備を始めた。ところが、数名の若者たちが私たちを挟んで、二本の白いロープを張り始めたのである。

私は咄嗟に「これは教皇さまが資料館から公演会場に向かうための通路になるんだ。」と悟り、大声で「外に出ろ！そしてみんなロープをつかめ！」と叫んだ。中高生を始めすぐ反応したので、小学生も通路の外に出て、ほとんどが前方に並ぶことができた。しかし、他の参列者もあっという間に列に加わり、一・二年生と思われる一団が少し離れた場所に取り残されていた。そして後方から押されて困っている様子が見えた。私は彼等の前に行って「大丈夫だからしっかりロープを握って離さないで！」と伝えた。そうしている間に、私がロープの外に出る隙間さえ見つからない状態になってしまっていた。仕方なく小学生一団の前にしゃがみ、手を広げて彼等をガードすることにした。小雪が舞っていたが、背中の方からの風だったのであまり寒くなかった。

当時、日本では教皇さまを「ポープ」と英語の発音で呼んでいた。私は、私の後ろの子どもたちに「教皇さまが出てきたら『ポープじゃなくてパパー！』と呼ぶんだよ、分るね」と念を押していた。十五分ぐらい経ったころ、十メートル幅ぐらいの左手の通路の入口付近がにぎやかになってきた。そして、教皇さまが出てくると、私たちとは反対側の人垣に沿って歩き始めた。しばらくしたらこちら側に来ると考えられたので、「大きな声でパパーと呼んで！」と子どもたちに催促した。しかし、教皇さまは、反対側を歩き続けていた。また周りにはボディーガードや付き人が多く、通路内にいる私からもお姿がよく見えない。そして、私たちの正面を過ぎ、とうとう右斜め四十五度に見えるくらいまで行ってしまった。たぶん七・八メートルは通り過ぎていたと思う。その時だった。子どもたちが「あーあ行ってしまった。」といった気分になったものと思うが「パパー！」と、大きな声で叫んだ。全員の声が一つになった大きな叫び声だった。

その声が教皇さまに届いたものと思う。振り返ってこちらに目をやられていたが、何と！少し戻って来て私のすぐ前に立ち、子どもたちの頭をなで、手を握って下さったのである。たぶん、ローマンカラーをつけて黒いベレー帽を被り、手を広げている神父らしい私の姿に同情してくれたものであろう。私は真下からお顔を拝見し「やっぱりポーランド人だ！」と納得しながら、私の頭の上で動いている手にそっと触れさせていただいたのであった。

ホテルでは、教皇さまに触ってもらった子どもたちが、もてはやされていた。「俺にも触らせてくれ！」「手を洗う前に私にも触らせてね！」と、同行の上級生や仲間たちが次々と握手にやって来ていた。

2)長崎編

広島で昼食を終えると、私は皆と別れ長崎へ向った。教皇さまが私たちの修道院を訪問して下さる訳だから、集まれる会員たちは出来るだけ参加して感謝の意を表す必要があったのである。修道院は満員で宿泊できないとわかっていたので、親戚の家に泊まることにしていた。五島から姉や妹たちも来ていて、話題はもっぱら明日のミサと大雪の天気予報についてである。親戚の家はグラバー園の上の方であったが、明朝はタクシーが来てくれることになっていた。

長崎では、キリシタン迫害時代から数えて、三〇〇年余りも待ち続けていたパパさまが、ついにお出でくださった訳だから、何としてもよい天気であって欲しいと心から願っていた。しかし、無情にも大雪が積りとても寒い朝だった。車が登って来ることも不可能であるだけでなく滑りやすくなっていることもあり早めに出発した。タクシーは坂道を下りきったところに待機していた。そういう訳でミサの会場に着いたのは、まだ朝の六時三十分だった。私は、早いうちから営業していた近くの喫茶店に入って時間をつぶすことにした。非常に寒い日であったので、店にはひっきりなしに人の出入りがあり、長い時間席を温めているのは申し訳なく感じられ、八時前には会場に入った。

会場の通路と前方には赤い絨毯が敷かれている事が、雪かきの手伝いをしている時にわかった。司祭たちは、ご聖体拝領に奉仕することになっていたのでチボリウムを受け取ったが、とても冷たく持てないほどだった。ハンカチで包んでやっと持つことができた。ミサが始まる直前、「どなたかポケット用のホカロンを持ってませんか。教皇さまは一つしか持ってないんです。」と係員がやってきた。近くの司祭が渡していたので、あの日は教皇さまは左右のポケットにホカロンを入れていたことになる。

ミサが終わると修道院に向かった。私は受付係の担当になっていた。長崎在住の会員たちは、セキュリティーを守るために警察関係の方たちと何回も会議や研修会を開き、「聖母の騎士用のワッペンを持たない人は、入場させてはならない」。と決められていたようである。「岡山から夜行列車で来たんです。ミサ会場にも入れなかったんですが、ここでもは入れないんですか」私の所へ涙顔で訴えてきた方がいた。どう見てもテロなど起こす人には見えなかったが、責任者に直談判しても駄目であった。私は「中に入れなくても、ここだったら教皇さまがお着きになる時に側で見れるはずですよ」と言って、車が停車する予定の場所の近くに案内してやった。

敷地内はどこも普段とは違う空気に満ちていた。修道院の玄関ホールには、車いすを利用している障害を持った方数名が半円形になって待機しており、テレビカメラも何台も用意されていた。説明は聞かなかったが、教皇さまはここを通って帰られる予定であることは理解できた。

ほぼ時間通り教皇さまは大きな拍手に迎えられて教会に姿を現した。しばらくお祈りした後「ここを訪問することができてうれしい。」と、切りだし、聖コルベについても、いろいろと話されていた。私には予定の時間をかなりオーバーしていると思われたが、この後は、三ツ山の原爆ホームだけだから……とあまり気にならなかった。教会内での予定が済まれた後、コルベ記念館の方へ移動されたので、私たち会員は聖ヨゼフさまのご像の前方・玄関前に集合して、見送りの体制に入っていた。

ところが、教皇さまは障害者の皆さんが待つ玄関ホールには入らず、車の方に向かった。私は教皇さまの側にいた管区長さんに「教皇さまは後ろのホールにも寄るようになっているんじゃないですか」と、大声で言った。管区長さんが教皇さまの耳元で何か言うと、教皇さまは後ろの方に行く様子を見せたが、すぐ近くにいた付き添いの方が、左腕を強くつかんで車の方に歩きはじめた。

私は、急いで玄関の扉を開けて中に入り、「誰か歩ける人がいますか。」大声を出した。そこに、シスターに付き添われ小さなブーケを持っておろおろしている細身の若い女性が目に入った。「歩けるか！」と私。「歩けます！」とシスター。私が彼女の手を取り「どけどけ！」と言って人ごみの中を通り抜けた時、目の前を、白バイに続いてパトカーが坂道を下って行った。

動き出した教皇さまの車の前を私たちが横切ると、車は停り教皇さまは窓を開けて下さった。そしてブーケを受け取り彼女の頭に手を置いて祝福して下さった。続いてシスターが小さな子どもを抱いて駆け付け祝福していただいていた。私は、もしこのことで叱られたら素直に謝罪しようと決めていた。

私が気になったことは、寒い中、長い時間教皇さまをじっと待っていた障害者の方々が、教皇さまはほんの側を通り抜けられたのに、シルエットさえも見ることなくその場を解散するには、あまりにも辛く耐えがたい悲しみの体験になるに違いないと思えたことである。僅かその中の一人だけでも祝福していただければ、「一人はお会いできたんだ」と少しは納得していただける理由になるのではないか――。と咄嗟に判断し行動に移したのであった。

教皇さまの車が見えなくなった時、○○放送という腕章を付けた人たちが「これは重大な問題だ！」と、大きな声で抗議めいた話をしているのを聞いた時「私がやったことは、約束違反だったかも知れないが、悪い事ではない。」と確信していたが、ややこしい問題に巻き込まれないよう人ごみの中に消えた。

あれから一年半後の秋の十月十日、聖コル

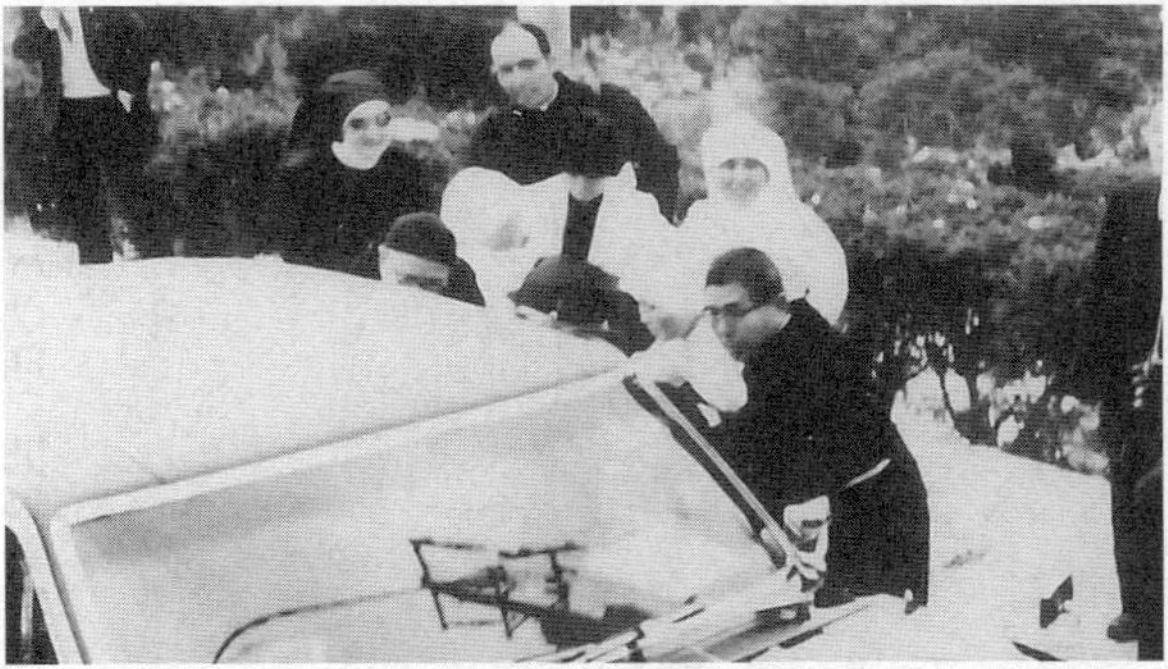

教皇さまは車の窓を開け、女性や子どもを祝福してくださった

べは「愛の殉教者」として、ヴァチカンの広場でヨハネ・パウロ2世教皇さまによって列聖されたのである。

ミサでの説教

日本二十六聖人の祝日の説教
――西坂野外ミサ――　（一九九五年二月五日）

昨日から夜を徹して長崎への道を巡ってこられた皆さん、また今日このミサに合わせて歩いてこられた皆さん、お疲れさまでした。今は睡魔や疲労感の中でも、さわやかな喜びも味わっているんではないでしょうか。「長崎への道」も、今では美しい伝統行事として定着しました。更に充実したものとして引き継がれていって欲しいと願っています。

私は先月二十三日、大震災に見舞われてちょうど一週間目の西宮に行って参りました。被災者の上に降りしきる雨に心を痛め、ビニールシートなど送ってあげたいという方から提供されたシート三十枚ばかりを届けるためでした。私は四年前まで二十三年間西宮に住んでいましたので多くの友人や知人たちもおり、私にとっては第二の故郷とも言うべき土地でもあります。長い間慣れ親しんでいた町や通りの風景は無惨にも壊れ、ガレキの山となった痛々しい姿があちらこちらに見られました。知人の一人はガケ崩れの下敷きとなって、やっと二週間たった一月二十九日に遺体で発見されました。ガケ崩れというより山がすべり落ちた感じだったという話です。

自然の災害については、ここ長崎もたいへんな経験をしている場所です。台風、洪水、地震の違いはあっても、そのすごさや怖さについては皆さんには説明するまでもないでしょう。

今日、私たちが記念している二十六聖人も状況は違いますが、ある意味では似たような体験をなさったと言うべきではないでしょうか。日本に新しく伝えられた教えの尊さに心を引かれ、神さまの子どもとなって、貧しくとも信仰の喜びの中で平穏な日々を送っていました。しかし、豊臣秀吉の禁教令が発布され、突然捕らわれの身となってしまったのです。まともな裁判を受けることもなく死刑を言い渡されて長崎への遠く厳しい旅が始まりました。そしてこの西坂の地で三九八年前の今日、今から五時間ばかり前に十字架にはりつけられて殺されてしまったのです。

私は二十六聖人について考えるとき、不思議に思うことがあります。教えが伝えられてまだ五十年も経っていませんでした。情報の伝達の方法も現代とは比べられない程遅れていました。日本語で書かれた書物もほとんどありませんでした。宣教師たちの日本語もおそらく未熟で、ラテン語やスペイン語の翻訳もはなはだ不完全だったと思います。そういう中で、よくぞ潔く殉教できるほどの強い信仰を持ち得ていたものだと感心させられます。大人たちばかりでなく十二才・十三才・十四才の少年たちまでいたのです。十二才と言えば、今の小学校六年生か中学一年生の子どもです。

その陰には、宣教師たちの並々ならぬ情熱とわけへだてのない愛、信仰を純粋に生きる姿があったことを偲ぶことができます。家を捨て、家族を捨て、故郷を離れて遥か遠い国からやって来て、ただ、人間の魂のためにだけ働く彼等の命がけの生きざまは、言葉を超えた言葉となって素朴な人々の心を捕らえたものと言えましょう。人が他人の心の扉を開く、それは何を言っているかでなく、どんな生き方をしているかということが鍵であることは、昔も今も変わらないものです。今日、何不自由なく生活している私たちには見習うべき点が山ほどあるような気がします。

私たちは、殉教者をベアトウス、幸せな者と呼びあがめていますが、ちょうど、マリアさまがエリザベツの挨拶に応えて「今から後、いつの時代の人も私を幸せな者と呼ぶでしょう」と言われた言葉と共通するものがあります。マリアさまの生涯は、ご承知のように大きな苦しみの連続でした。馬小屋でのご出産、エジプトへの逃避行など、息つく暇もない生活が待っていました。特に十字架上で苦しみながら力尽きていく、ご自分の最愛の息子イエズスさまを見上げていたときの苦しみと悲しみはいかほどだったでしょうか。手をかしてやることもできず、気も狂わんばかりの苦しみを味あわれたのです。

殉教者たちの周辺でも似たようなことがあったと推測できます。殉教への旅についた聖人たちだけでなく、残された家族のことも考えてみましょう。神さまのためとは言え、一家の柱である夫、これからの成長を楽しみにしていた息子を突然奪われた家族はどうだったでしょうか。予告なしにやってくる地震や事故などの災難にあったのではなかったのです。一人の人間の考え方でどうにでもなることでした。父親と共に捕らえられた十四才のトマス小崎少年が、三原の牢に泊まったとき書いたと言われる手紙の内容から、夫と長男を奪われて取り乱してしまった母親の姿を想像することができます。母親をこよなく愛していた少年が母親のことに心を痛め、届けるすべもない手紙に自分の願いを託して書かれたものには、強く胸を打たれるものがあります。

私は十年前のあの日航機事故で、二十才になったばかりの青年を亡くした方を知っています。遺体が見つかった時、自分たちは仏教徒だけど、この子の魂は神父さんに守ってもらいたいと依頼を受け、現地に駆けつけて火葬し、お骨にして連れて帰り、葬式から納骨までカトリックの典礼でしてやりました。両親や家族の悲しみようは大変なものでした。どんな言葉を言ったら、何をしてやったら、その悲しみをいくらかでも慰めてあげられるのか分かりませんでした。この世の中で、親が娘や息子を先立たせる以上の悲しみはないと私は思っています。
今回の大震災で亡くなったある大学生が、お母さんに残していた手紙のことが二・三日前の新聞に載っていました。それを紹介しましょう。

親愛なる母上様

あなたがわたしに生命を与えて下さってから、早いものでもう二十年になります。これまでに、ほんのひとときとして、あなたの優しく暖かく大きく、そして強い愛を感じなかったことはありませんでした。

私はあなたから多くの羽をいただいてきました。人を愛すること、自分を戒めること、人に愛されること……。この二十年で、私は立派な羽がそろってゆきました。

（中略）

私は精一杯やってみるつもりです。あなたの、そしてみんなの希望と期待を無にしないためにも、力の続く限り飛び続けます。

こんな私ですが、しっかり見守っていて下さい。

（中略）

また逢える日を心待ちにしております。最後に、あなたを母にして下さった神さまに感謝の意をこめて。

翼のはえた〝うし〟より

広島出身の加藤貴光さんでウシ年生まれだったのでウシという愛称で親しまれていたようです。

細かい記録がないのでよくわかりませんが、二十六人の聖人たちの一人ひとりの周辺にも、これと似たような様々な物語があったはずです。

しかし、一面では災難とも思えるような大きな悲しみや苦しみを彼等は大きく強い信仰によって乗り越えました。約八〇〇キロという長崎への道のりも真冬の厳しい季節も、聖人たちの信仰の火を消すことはできませんでした。聖人たちの心に点火された愛の炎は、むしろ大きく強く燃えていったのです。そこに信仰の不思議な神秘があります。

三人の少年たちもそうでした。それぞれに大きな誘惑にも会っています。先程の聖トマス小崎少年にとって、母親の悲しみの姿は、胸を切り裂かれるほどの苦しみであり誘惑でもあったと言えるでしょう。十三才の聖アントニオは、囚われの身とは言え、子ども時代を過ごしたなつかしい長崎へ帰り着いたとき、竹矢来にすがって泣きわめいている両親の姿をどんな気持ちで眺めたでしょうか。マカベ兄弟の母親のように励まし力づけてくれる言葉ではなく、信仰を捨ててくれるように哀願する涙ながらの母親の姿だったのです。少年の心を揺さぶる大きな誘惑でもありました。

最年少の聖ルドビコ茨木が、信仰を捨てると言えば、武士に取り立ててやろうと、処刑の責任者であった寺沢半三郎に言われたことはあまりにも有名です。しかし、三人の少年たちは負けませんでした。むしろ彼等のあどけない無邪気な姿は、他の人に慰めと希望を与えたと言われています。そして彼等は処刑の命令を下した秀吉以下、処刑に関わった役人たちを恨むこともなく、むしろ彼等を祝福して、あまりにも短いいまだ固いつぼみの人生を潔く捧げたのです。

豊かな時代と言われながら、差別やいじめなどに苦しんでいる少年少女たちが、今私たちのまわりにはたくさんいます。そんな子どもたちはどうかこの丘にやってきてほしいと思います。同じような年齢で、しかも、国の最高権力者であった秀吉に、言うなれば、とことんいたぶられ、いじめられて若い命を落としていった少年たちの血と涙と足跡がここには残っているからです。彼等のことを思えば、勇気と希望が湧き、自分がどのように生きなければならないのか、敷かれたレールのような進路が見えてくるはずです。ここで行われた事実は、だれも消し去ることはできないのです。私は教育にかかわっている者の一人として、このことを強く訴えたいと思います。

今日私たちは、殉教者たちの勝利を祝い記念するために集まっているのでしょうか。そうではないと私は思います。二十一世紀を目前にしている私たちが、殉教者たちの深い信仰を見習いながら、私たちの歩むべき道を確認するためであるのだと思います。

今は秀吉の時代でも徳川の時代でもありません。しかし、信仰を生きる難しさという点では同じようなものかも知れません。物が豊富にありすぎて信仰の価値がわかりにくい。自由であるだけに、善悪の判断がつきにくい、というようなものです。青少年の教会離れという現象は、私たちにとって新たな苦しみとも言えるでしょう。

ただ、時代や場所が変わっても信仰を生きるための基本的な姿勢が変わったのではありません。私たち一人ひとりが「まず神の国とそのみ旨を行う生活を求めなさい」と教えられたみ言葉を生きることが大切なのです。二十六聖人は、そのみ言葉を忠実に生きたために、結果として殉教という輝かしい栄光の生涯を閉じました。そういう時代だったのです。

私たちもそのみ言葉を毎日の生活の中で活かせるよう努力する時、キリスト者としての美しい生涯を刻むことができるのです。殉教者たちの取り次ぎを願いながらこのごミサに与るように致しましょう。

東長崎教会小教区発足二十五周年　二〇一一年二月十一日

「汚れなき聖母の聖心のうちに、殉教者の信仰を受け継ぎ、神の愛に生きる」という目標を共有しながら、今日の日を迎えられたこの小教区のすべての皆さんに、心からお祝いとお慶びを申し上げます。

迫害の時代から永い時間を超えて、この地で聖なるミサが捧げられるようになったのは、今から五十六年前の昭和三十年、この幼稚園の創立の頃だろうと思います。幼稚園の二階に小さなチャペルがあり、本河内から派遣された神父様がミサを捧げるようになったのです。昭和三十七年には修道院が出来上がり、一階部分にチャペルを作ってミサを捧げていたことは、お集まりの多くの方々が知っている通りです。ですからここで教会の活動が始まってから、約三十年間は、本河内教会の巡回教会として活動していたことになります。

この教会を広い視点で眺めた時、私は非常にユニークで、また恵まれた教会だといえるのではないかと思っています。一つの点は、本教会の母教会である本河内の教会を始めたのは、愛の殉教者聖マキシミリアノ・コルベ神父であるということです。聖なる殉教者がこの教会の礎になっているのです。このような事はどこにでも転がっている話ではありません。

二点目は、この教会のテッリトリイ、つまり司牧地内に二カ所も聖なる殉教地があるということです。このミサの後祝別される祈念碑は、教会の敷地内になりましたが、実際の殉教地もここから僅か数百メートルしか離れていません。殉教は、見た目には酷く悲惨な出来事です。しかし、その実態は大きな愛と赦しの現場で有り、私たちに希望を与え、慰めてくれる本当の癒しの場なのです。修道会の先輩達がここに土地を買った時は「この地区にもキリシタン関係の何かがある」と、いうぐらいしか考えていなかったのです。近くに殉教地がある等、全く想像さえしていなかったのです。何か不思議な感じがします。こういうことを神さまのみ摂理と言うのかも知れません。長崎は殉教地として世界に知られていますが、主任教会として殉教地に近いのは、中町教会よりこちらの方ではないかと思います。近い遠いは別として、近くに殉教地があるということはこの教会の役割がどうあるべきかがはっきりし信徒の皆さんにとっても、大きな意味を持つだろうと考えます。

殉教者たちが生き返ってきてこの教会を眺め、現在の自由な社会を見るとすると、何を感じ、どう思うのでしょうか？ おう、何と嬉しくすばらしいことだろう！ と、ありったけの声を出して叫ぶのではないでしょうか。そして、きっとポロポロとうれし涙を流して神さまに感謝するに違いありません。殉教者たちが一番欲しいと思ったことは何でしょうか？ それは、いとも貴い神さまの教えを隠さずに守ることができること、自由に教会に行き大きな声でお祈りができること、困っている人たちや一人暮らしのお年寄り等の面倒を堂々と見ることができること等ではないでしょうか。

あの時代から四〇〇年あまり経ちますが、現在でもカトリックの信仰の内容が変わったのではありません。信仰の持つ価値が下がったのでもありません。信仰に裏付けされた愛に基いて行われる善行や、親孝行等の意味が変わってきたのでもありません。変わったのは、カトリックの信仰を、誰に遠慮することなく自由に守ることができるようになったことです。個人の人権が尊重され、国の最高権力者であっても、人の命を勝手に奪うことはできなくなったというようなことです。いうなれば、全く自由に何人にも邪魔されず神さまに仕えることができるようになったのです。

小教区発足二十五周年を迎えるにあたって、目標に掲げた殉教者の信仰を受け継ぐために、今私たちに求められているものは何でしょうか。それは、殉教者たちも心から願い望んでいる事でもあり、マリアさまの御心でもあります。

まず第一に言えることとは、東長崎教会が「現代社会にあって生き生きと機能する教会であること」になるでしょう。具体的には、**教会が癒しの場になっていること**、これはどうでしょうか。ミサや他の秘跡に参加する人が多いということは、一つのバロメーターと言えるかもしれません。**奉仕活動が見られる**。これはある程度行われていると私は思っています。たとえば、先日のとても寒かった日、雪がちらつく中、車庫にビニールシートを掛けて、教会の傷んだバンコを修理している人たちがいました。私はどこかの業者の方だろうと思い「こんにちは！」と、気の抜けたような挨拶をしたんですが、後になってこの教会の壮年たちだと分かりました。とても嬉しく思いました。春から秋にかけて、マリアさまのご像の周りや、入口付近の花の世話をしている一団もいますね。殉教地のことや、殉教者たちの調査に携わることも大切な奉仕です。そして、こういう奉仕こそ活きた祈りなのです。その他、見えないところでいろいろな奉仕が為されていると考えています。まさに、隠れた祈りが数多く捧げられていると私は信じています。

その他に、**お年寄りや子どもたちが喜んで来ている**。喜んでいるかどうかは分かりにくいと思いますが、教会にその姿が多く見られるということは一つの証明になるものと思います。日曜日の九時のミサの前、マリアさまのご像の前に集まってロザリオをしている姿はとてもいいですね。マリアさまに繋がっていると感じ嬉しくなります。神さまのみ言葉を伝える場所になっている。活きている教会であれば、当然ながら主の福音を伝えなければなりません。日曜日のミサだけでなく、通常の教会組織の活動や、各種信心会なども盛んであることは、その証になるものと思います。いずれにしても、この教会に所属する信徒の皆さんが、洗礼を受けて神さまの子どもになったことを喜び、愛する人に逢う、弾むような気持ちで来たくなる教会、それがこれからこの教会に求められている、そして、あるべき姿ではないでしょうか。

そして、何と言っても教会全体の問題として捉えるべき大きな課題は、「殉教者の熱い信仰を若者たちや子どもたちに確実に伝える。」ということではないでしょうか。これは、明らかに大人たちの役目です。この教会には子どもたちが多く、中学生・高校生の占める比率は、長崎教区内でも一番高いのではないかと思います。それだけに可能性にあふれています。子どもたちや若者たちの背中には、希望というすごいものがくっついているのです。実を言うと私は、人を美しく造り上げるものは、笑顔と信仰心だと思っています。手を合わせて祈っている子どもたちや若者たちの姿を見てください。心の中は見えなくても、なんと綺麗なんだろうと、神々しいものを感じさせられます。ですから本当にきれいになりたいのであれば、美容院ではなく、教会に来ることです。お化粧するのではなく、お祈りをかかさず熱心にすることです。皆さんの情熱と力で、彼等をこの祈りの場に導いてほしいと思います。一八八福者の中にたくさんの子どもたちと若者たちがいました。彼等の側には、大人たちが寄り添っていたのです。今の私たちと同じ信仰を持ち、同じ国に住み、同じ空気を吸っていました。私たちも真剣に祈りながら、悩みながらもそのことを伝えられる道を探り続けて行きましょう。皆が知恵を出し合えば、きっといい方法や道が見つかるでしょう。

私は、ここで一つの提案をしたいと思います。それは、毎週の土曜日のミサの後、八時頃から四十〜五十分ぐらい宗教音楽を流してほしいということです。

「本物の教会で宗教音楽を聴こう！」というタイトルにしたらいいでしょうね。

グレゴリアン聖歌など、自分の部屋で聴いていても胸が高鳴ってきます。五月には、聖母月ですからマリア様にちなんだ曲を中心に、十一月は、死者の月に相応しい鎮魂ミサ曲などがいいと思います。自宅の応接室やヘッドフォン等で聴くより、この広い聖堂で聴けば、天国で聴いているような気分になるはずです。音楽好きな未信者の友だちにも声がかけやすくなり、何年も続けていれば、確実に活きた教会の役割である「宣教」にも繋がっていきます。曲の解説などのコピーを配るぐらいで、一切の話や説教はなし！とすれば、宗教にアレルギーを持っている人でも、安心して来られると思います。これは修道院が中心にならなくても、信徒の皆さんのお手伝いだけでも十分やれると思います。何年か続けて行くうちに、今、予測だに出来なかった効果が見られるかも知れません。宗教音楽は、とても美しく優れた祈りです。仏教国の日本で、聖書に基づく宗教的な絵画やキリスト教音楽などが、一般のテレビやラジオでも、かなりの頻度で放送されている現実を見るにつけ、こんな立派なしかも冷暖房付きの広い空間で静かに聴く事が出来るという条件を活かすべきではないでしょうか。このままではもったいないと思います。きっと御聖体のイエスさまもそう望んでおられると思います。

そして、誰が何と言おうと、聖母マリア様がいっぱい模範を示して下さったように、神さまへの生き生きとした強い信仰を生きることこそが、人間にとって一番幸せなことであります。このことは今後も変わることがありませんし、また、汚れなき聖母マリアさまの御心の願いでもあります。

「教会は、天と地を繋ぐ最も美しい現場である」とは、ある神父様の言葉です。願わくは、この教会を訪れる全ての人が、神さまに祝福され、平和と幸せに満たされますように！この教会に、いつも神さまの温かいまなざしが注がれ、この教会が、今後末永く信徒の皆さんに愛され、本当の安らぎの場となりますように！ここで働く会員にとっては、アシジの聖フランシスコと聖マキシミリアノ・コルベ神父の心を学ぶ善き修道の場となりますように！この地域に住んでいる方々にとっては、父なる神さまの存在を示すシンボルとなり、いつまでも愛と平和を伝え続けることができますように！　子どもたちにとっては、いつも自分たちを安心して委ねられる温かい家となりますように！また、若者たちにとっては、希望を抱かせる役割を果たし、挫折を味わい絶望に打ちのめされた時には、慰めと癒しの家となりますように！　アーメン。

寄稿文

平和を願う

〔要理教師の友〕一九九五年秋季号　掲載

アメリカはロサンゼルスに十ヶ月近く滞在していたことがある。早いものでもう九年も過ぎてしまった。今、野茂投手が活躍しているドジャースタジアムにも一度だけ行って見た。友人に誘われ目的も分からないままついていったのであるが、中に入ってみると、今はカルディナルになっておられる若きロジャー・マホーニ大司教司式の聖体大会であった。ヒスパニック系の人たちが毎年行っているそうで、フィールドには約千名の司祭団とシスターたち、そして鮮やかな民族衣装で着飾った少年少女たちが連なっていた。スタンドにあふれた五万人もの信徒たちの祈りと歌声は、スポーツのそれとは趣を異にしていたが感動的なものであったことを思い出す。

何とか生活に必要な会話が出来るようになったので、秋になって東部まで行ってみることにした。一人旅も十日目の日だった。ニューヨーク州バファローのバスターミナルで、オハイオ州クリーブランド行きのバスを待っていた。同じエリー湖畔にありながら高速バスで約四時間もの道程である。たまには料金の安い長距離バスを利用しようと、修道院から老司祭の運転する車で送ってもらったのであったが、ノロノロ運転がたたったのかバスは出発してすでに十分も経っていた。仕方なく次のバスを待つことにした。二時間もある待ち時間にいささかうんざりという感じであったが、ターミナルを利用するアメリカ人の生の姿を観察するには、むしろいいチャンスだと思い直してみると、逆に楽しい気分になってきた。

遠出でもするのか、うれしそうにはしゃいでいる子どもたち、おしゃべりが尽きないおばさんたち、よく持ち上げられるものだと思える大きなトランクを持った青年。三十分もしないうちに、言葉と顔を取り替えれば、日本のどこかの待合室とほとんど同じだと思った。ただ、今でも忘れないで思い出すことがいくつかある。

一つは、大きなドンゴロスを担いで、ゴミ箱をあさっていた体格のよい中年の男の姿である。よく見るとアルミの空き缶だけを拾い集めていた。服装から見て明らかに清掃員ではないと思った。空き缶を拾って生活の糧にしているのであろう。ベトナム戦争の帰還兵かもしれない……。一時間ぐらいするとまた同じゴミ箱の所へやってきていた。

公衆電話が十個ぐらい並べて置かれたコーナーがあった。そこへ老夫婦らしい二人連れがやってきた。男はいく分妻をかばうように歩いていたが、ネクタイをきちんと締めていた。待合室の中ではネクタイ姿は珍しいと思った。電話を利用するのかと思って見ていると、ツリ銭の出る穴に手を入れ、忘れられた小銭を探して次々と電話機を移っていった。彼等の着衣には破れや継ぎは見当たらなかったが、かなり古びたものだった。

そのうちに遠くの壁に何か貼ってあるのが見えた。席を立って近づいてみるとMissing Childrenと書かれていた。約三十名ぐらいの行方不明の子どもたちの顔写真だった。「何年分のものだろうか」と思い、日付をよく調べてみると一番古いものでもわずか六か月前のものだった。十五才が一人だけで残りは一才から十二才までとなっていた。そして八割方は女の子だった。急に悲しくなってきた。写真に写った顔はほとんど皆くったくのない笑顔である。その裏でいったいなにが起きたのだろうか。今どうしているのだろうかと思うと胸が痛くなってきた。

バスの旅は暗い気分に包まれた旅となった。道路右側に美しく輝いているエリー湖の湖面を眺めながら、手にはいつしかロザリオをにぎっていた。あの子どもたちが一人でもいいから親の元に帰れますように……。

今、日本では終戦五十年を迎え、平和平和という言葉があふれている。戦没者を悼み、平和を誓い、この平和な時代がいつまでも続きますようにという祈りにも似た言葉も聞かれる。たしかに戦争はなかった。しかし、一つひとつ例をあげるまでもないと思うが、平和とは思えない事柄があまりにも多すぎるのではないだろうか。学校や家庭の中でさえもそうである。

昨年六月、鹿児島県知覧町を訪ねてみた。いわゆる特攻隊基地のあった町である。千名あまりの若者たちは、往きだけの燃料でそこから南に向かって次々と飛び立って消えていった。特攻記念館には、彼等の写真や遺品など数多く展示されている。その中に家族や、恋人、友人たちへの手紙もあった。

「父上さま母上さま、息子として十分な孝行をしてやれずごめんなさい、いつまでもお元気で……」

「お父さん、お母さんを大切にして下さい。兄さんの分までよろしくお願いします……」

「兄弟仲良くして父上や母上を心配させないように……」

親をいたわり家族を思いやり、自分のことより他人を気遣う内容の手紙は、涙で十分に読み取ることができなかった。

平和で豊かな時代だと言われているが、彼等のように親や家族を思い、周囲の人に気配りを示すような心の若者たちが、今どれほどいるのだろうかと不安になってくる。戦争という、明日の生命さえしれない環境の中で豊かな心の人間が育った。自由で衣食住に何の心配もない社会に、わがままで身勝手な人間が増えた、とも言えるのではないだろうか。そう考えると、平和とはいったいなんだろうかと思う。少なくとも戦争がないだけでは平和ではないのだ。

自由と豊かさの象徴のように言われていたアメリカでさえ、いろんなところに裂け目や破れが広がってしまったように見受けられた。大都市ばかりでなく、地方の小さな町のあちこちにもホームレスの人たちが群がっていた。食事を求めて教会の門から長蛇の列ができた光景は異様に映った。更に凶悪犯罪も含めた暗いニュースが絶える日はなかった。

そういう状況の中で、空き缶拾いのわずかな収入に生活をかけた男の姿には、哀れを感じたものの美しいとも思った。あの老人も、かつてはその体に漲っていたエネルギーを、国のため社会のために使い、小さき者に捧げたことだってあったにちがいない。しかし、現在では置き忘れられた小銭をあさっていくらかの生活の足しにしていたのであろう。きちんと締められたネクタイに、人間としてのプライドを垣間見た気がした。

「豊かで平和な社会」と言うとき、私は暖かい日だまりの中で遊ぶ子どもたちを連想する。幼く非力な故に人にさらわれ、誘拐の対象とされる子どもたちの上に、本当の平和な日が訪れますように！

子どもとあそび

〔要理教師の友〕一九九二年冬季号　掲載

七・八年前のある昼下がりのことだった。どういう用件であったか忘れたが、私は車を運転して出かけた。

日ざしのきつい道路の先の方に、若者らしい人影があるのに気が付いた。彼は、黄色のセンターラインの上で両手を拡げ、いくぶんふらつくようにしながら歩いていた。何とも異様な光景である。

「無茶をする奴がいるもんだ。」「暴走族のたぐいだろうか」「昼間から酔っ払ってでもいるのだろうか」などと、さまざまな想像がわずかの間に頭を通り抜けていった。

近くになったのでスピードを落とし、通り過ぎながらふと彼の横顔を覗いてみると、それは見覚えのある顔だった。

瞬間、私は「ドキーン」と音を立てて悔恨と悲しみが入り混じったような、言いようのない気分に包まれてしまった。彼は、かつて私が中学一年のクラス担任をしていたときの教え子だったのである。

彼は、入学試験では見事な成績で合格した生徒だった。

ところが、入学式後数日も過ぎると、彼について「あの生徒は変わっている」という声が出始めた。一か月もすると、一部の教師からは「手に負えない」と言われるようになってしまった。

体育。「二階の道場で剣道の実技をやっているうち、いつの間にかいなくなっていたので探してみると、一階でバスケットの授業をしている高校生の中に入り、竹刀を振りながら走り回っていた。」

音楽。「机に姿が見えないと思っていたら、床のカーペットの上に寝転がり、足を少し上げて『ちょっとだけよ』と言って皆を笑わせたりして授業にならない。」

美術。「赤や青の絵の具で、自分の顔にインディアンのように色を付けたり『手をスケッチしなさい』と課題を出したときは、画用紙に黒色で手形をつけて提出していた。」

そして「いくら注意してもまるできき目がない」と、次々に私に苦情が寄せられたのである。私が個人的に注意を与えても、ほとんど効果は見られない。

ところが、高校部の教師の中ただ一人、中学の社会を担当していたシスターは「あの生徒はすばらしい。特に歴史的分野は抜群である。授業態度にも全く問題はない」とベタほめであった。

さらには、国語や英語など、主要教科の教師たちからは「教室では特に問題を感じない」という報告だった。要するに、実技を要する教科だけが問題だったのである。

私は母親を呼び、彼の生育歴を尋ねてみた。「あの子は小さい頃からとてもかしこい子でした。三歳になる前から机の前にちゃんと正座して絵本を見たりできましたし、小学校低学年の時から、伝記ものなどよく読んでいました。小学校では、多少問題行動があると言われたこともありましたが、家ではそんなにおかしな様子は見られませんし、私はあまり心配していません」と涼しげな顔であった。そこで、入学時に提出されていた家庭環境調査表をみたり、いくつかの情報を集めてみると、彼の父親は名門私立大学出身で母校の教授となっていた。母親も有名私立女子大を主席で卒業し、著書まで出したことのある才女として知られている方だった。また、父方の祖父は、父親の大学の学長を務めたこともある人で、専門分野では、日本中に名の通った学者の一人であることも分かった。彼の行動は相変わらずであったが、悪意はさほど感じられないということで、中二、中三へと進級していった。

中三のある時、社会担当のシスターは、高校生の修学旅行で一週間ほど出張した。ちょうど一週間ぶりに出て来たシスターが、登校してくる彼を見つけて「○○君！」と声をかけた。

そのとき私は、偶然その場に居合わせていたのであったが、彼は「シスター○○！」と言うなり、走り寄って何のためらいも示さず、彼女に抱きつき、しばらく離れようとしなかった。その表情は、あたかも長時間外出して帰った母親に

「お母さん！」と言って甘える幼児のそれと同じだと思った。

その時以来、彼のおかしな行動を見る度に「○○は幼児の時、両親とのあそびやスキンシップが足りなかったのではないか」という思いがつのっていった。

「○○君は、お座りしてお本が上手に読めますよ。これを読んでごらん」

「○○君はかしこいんだね……」

おそらく、このような言葉の中で育ってきたのだろう。そう憶測するほど、彼の言動には幼稚さが残っていたのである。

中学三年生の後半になって、同じ敷地内にある小学部の子どもたちと、彼はよくケンカをするようになった。そして相手はいつも三、四年生であった。それは彼のおかしな行動を見て、小学生たちがからかったことがきっかけであった。

ある日、グランドで子どもたちの大声がするので急いで出てみると、彼は小柄な小学生の襟首をつかみ、今にも殴りつけようとしているところだった。私はあわてて彼等を引き離した。小学生をなだめているとき、近くにいた彼の両コブシに何か光るものがついているのに気付いた。それは、空き缶のリングプルで、それを指輪のように中指にはめ、先は折られて鋭くなっていた。

そんな行状のせいもあり、結局内部推薦を受けられなかった彼は、近くの公立高校へ進学した。そして程なく一年終了後に、彼が一年間の休学を命じられたという話を聞いた。理由は、教室や廊下で、毎日のように女子生徒のスカートめくりをしたり、いきなり抱きついたりする奇行をやめなかったからということであった。

今回のテーマを見たとき、真っ先に私は彼のことを思い出した。「小さいとき、彼はあまり遊ばせてもらえなかったのだ」と確信するに至ったからであろう。

彼はもう三十歳位の年齢になっているはずである。もちろん私は、あの日以来、彼を見ていないし、うわさを聞いたこともない。しかしながら、彼のことを考えると、今でも私は暗い気持ちになってくる。彼があんな風になってしまったのは、私の責任ではないかという思いと共に。

シスターに抱きついていたあの時、彼は幸せそうな表情をしていたのだから、もっと年齢の低い中学一年生の時、担任として何か効果的なことをしてやれたのではないだろうか……と考えてしまうのである。

シスターに対して、彼は確かに心を開いていたはずである。私は彼の心を開く努力より、何とかして奇行を早く矯正しようということしか考えていなかったように思う。

幼児の時、満たされないものがあったことが原因かもしれないが、この種のことは、年齢が低ければ低いほど、正常に戻しやすいものではないだろうか。専門的なことはわからないが、そんな気がしてならないのである。

以上のような体験から、私は「子どものあそび」については、真剣に考えてやらなければならないと痛感している。あそびは、子どもにとって彼等の内面からの自然な欲求に基づく行動である。親や家族とのスキンシップは言うまでもなく、わんぱくも、ままごとあそびも、子どもたちにとっては大切な仕事なのである。

豊かになった国（私は単に便利になった国としか思っていないが……）といわれるようになった現在の日本だが、私は、子どものあそびは危機に直面していると言いたい。自然環境と生活環境が大きく変化してきたこともその一つの理由に教えられよう。子どもたちの絶対数が減った上に、その中の多くの者は小さい頃から習い事や塾通い等に忙しくなってしまった。私の同僚だった教師は「息子は、学校が終わると、誰とあそべるか仲間を見つけるのに困っているんですよ」と嘆いていた。

私が小学校に勤めていたとき、毎日のように学校の近くに車を停め、校門から出て来る我が子を待っている母親がいた。車の中で買ってきた弁当を食べさせ、着替えを済ませて塾まで送ってやるためである。

それは、母心のなせるものだろうが、私には「子どもを大事にしている立派なお母さんだ」とは、どうしても思えなかった。

もちろん、人それぞれに事情があるように、各家庭にもいろいろの方針があるだろう。しかし、動物の子どもたちが、互いにジャレあって彼等の本能をみがいていくように、子どもたちにも彼等だけの世界の中で、関わり合い交じりあう機会を、絶対に与えてやらなければならないのだ。

彼等は、そこから人間としての理性を目覚めさせ、望ましい人間関係の基本を体得してゆくのである。ファミコンやテレビでは、その代役を果たすことは不可能であろう。

泥んこあそびや水あそびなど、きたない遊びであっても、自然と関わる直接体験は、これからの時代に益々必要になってくるのではないだろうか。

例えば、私たちの生命を直接支えてくれる食物などを見ても、パックされラップされてきてしまっている現状だけに、その必要性を強く感じている。

ともあれ、子どもにとって無駄なあそびは一つもないと断言したい。

「神様の愛も、家族のそれも、子どもはあそびを通して学び取ってゆくものだ」とは、少し飛躍しすぎた言い方だろうか。

教育現場でのつぶやき

[声]誌 一九九六年七月号 掲載

(一)

昨年来世間を騒がせ続けているオウム事件や、深刻化していくいじめの問題などにメスを入れ、人間社会が本来どうあるべきか問い直してみたいという気持を抱かされているのは、決して私一人ではあるまい。これらの事件には、言うなれば自由社会の落とし子と言えるような側面が多くあるからである。

私は宗教学者でも教育学者でもないし、まして評論家でもない。大学での卒論以外に論文と言えるようなものは何一つ書いた経験もない。ただ、私は司祭として三十年近く学校現場で働いているだけに過ぎない。

今回のオウム事件では、私の常識をはるかに越えた非道の極みを見せつけられた気がした。裁判などによってその内容が明るみに出るにつれ、「悪魔的」という言葉でさえ色褪せて見えるほどの悪行の数々にただ慄然とさせられている。また高学歴の若者たちが数多く関わっていたという事実には、教育に携わる者の一人として大きな責任を問われているような気がしてならない。

一方、一年若い中学生を中心とした子どもたちが、いじめを受けてたった一つしかない命を自ら絶ってしまっているという現実には、やりきれない悲しみを覚える。そして、そのほとんどが学校を舞台として起きているだけに他人事では済まされない切迫した空気さえ感じさせられている。そしていつか、私自身が当事者になる日があるかもしれないと考えると、底知れない恐怖心におそわれることもある。

このような状況の中で、とくにいじめについては何かを発言しなければならない義務があるかもしれないと思っていることも確かである。そのような訳ではなはだ拙い内容ではあるが、私が感じていることや体験したことなど少し述べさせていただきたい。

(二)

「先生A君はB君たちにいじめられていますよ。知っていますか。」と、友人と二人連れで私のクラスの生徒が何げない顔で話しかけてきた。いじめられていると言われた生徒は、私には特に心配することのないごく普通の生徒としか思えなかった。むしろ私をからかっているに違いないと思って笑いながら聞き返した。

「Aがいじめられている。冗談だろ？ だって彼は昼休みなんか毎日のようにBたちと一緒にソフトボールをやって遊んでいるじゃないか」

「それがいじめなんですよ」

「どうしてなんだい!?」

「A君はいつもセカンドを守っているでしょう？ B君たちはランナーになってセカンドベースを廻るとき、A君の足を踏んだり蹴ったりしているんですよ」

「え!?」

「A君はあまり野球なんか好きじゃないらしいですよ」

「いじめられているのを知っているんだったら、君たちが注意してくれたらいいのに……」

「だって……」

クラスメイトのことを心配して私に声をかけてくれただけでもいいか、と考えることにした。それにしても寝耳に水とはこんなことを言うのかもしれない。私には全くと言っていいほど信じられないことだった。

数日後、それとなく彼等が遊んでいる様子を見ていると、彼はなるほどセカンドを守っていた。そしてよく見るとあまり楽しそうに参加している様子ではなかった。そして、私が観察していることが知られていたのか、その日は足を踏むようなことはなかった。しかし、彼の顔つきからして、言われたことは本当かもしれないと感じさせられる何かがあった。私の背中に急に寒気がしてきたことを覚えている。

また、あるときはこんなことがあった。「C君がひどいことをされているんです。何とかしてください」と、ある中学生がかなり深刻な顔をしてやってきた。彼の同級生のC君は、小児麻痺の影響で少し足が不自由だった。話によるとプールでの水泳実習が終わって帰る途中、彼が何かにつまずいて転んでしまった。すると後ろを歩いていた同級生の一人が走り寄って行ったので、手を貸してやるんだろうと思ってみていると、彼が立ち上がった瞬間、彼の前に足を出して転ばし、笑いながら逃げていってしまった。似たようなことが以前にも何回かあったし、ひどすぎるというのである。

身体の不自由な友だちをいじめることはけしからんと本人に抗議してみたが、聞く耳をもたない様子に、思いあまって担任の私に直訴にきた訳であった。

友だちを思いやる優しい心の持ち主に出会った喜びも感じたが、身体の不自由な者をいじめている生徒がいるという現実には、少なからぬショックを受けた。

（三）

これらはほんの一例に過ぎないが、いじめの実態は、体験したものでなければわからないと言うべきであろう。しかも、そのケースは千差万別である。人と人との関わり合いの中に発生するあらゆる事柄について、細かいところまで他人が知ることができないように、いじめの実態についても同じようなことが言える。

しかし、いじめが存在することは事実である。私がこれまで主として聞いて知ったことを列記してみたい。

・お金を要求される。
・スーパーや売店などで商品を盗まされる。
・タバコやシンナーを無理に吸わされる。
・人前でバカなまねや恥ずかしいことをさせられる。
・授業中奇声を上げさせられる。
・理由もなく教師に反抗させられる。
・授業中であってもジュースなど買いに行かされる。
・他人の勉強の邪魔をさせられる。
・深夜でも呼び出されて遊びの相手をさせられる。
・ケンカを売らされる。
・カンニングをさせられる。
・街頭などで女子校生のスカートめくりをさせられる。
・女の子にわざとラブレターを書かされる。

極めつけは、小便を飲まされる、さらにフンを食べろと言われる等々である。以上は主として男子の場合に関してであるが、女子生徒間では当然違った内容になっていよう。さらに、要求する内容や命令指示の言葉を暗号化したり、関係者だけにしか理解できない方法を利用するなど、様々な工夫をこらしているのも事実である。

いじめの実態の一部を知るだけでも「なぜそんなバカげたことを……」とか「どうしてそこまで……」と理解に苦しむのが一般の人の感覚だろう。しかし、専門家によるといじめの手口は陰湿化し巧妙になる傾向にあると言われている。命じられたことに応じなければ暴力を振るわれることは当然の成り行きである。お金に関しては次のようなケースも耳にした。「あれをやらなかったから千円で許してやる」と言われ、次の日千円持っていくと「一日で利子が倍になってい る」と追い打ちをかけられ、親が知ったときには結局十万円近い借金ができていたということであった。

「転入させてください」とやってきたある母親は「せっかく高いお金を払って高校に入学させたのに、これではまるでドロボーの訓練に行かせているようなものです。親思いの優しい子どもだったのに近頃は性格まで変わったみたいです。キリスト教精神のこの学校でどうか息子を救ってください」と涙ながらに訴えていた。

いじめを受けた子どもたちが、死を選ぶしか解決の方法を見つけられなかったという彼等の決断を、甘いとか弱いという言葉では片づけられないものがあると私は思っている。

（四）

いじめは、端的に言えば、今日の大人社会の実像が子どもたちの世界に確実に反映した現象であると私は思っている。

戦後のめざましい経済的な発展によって、いつしか豊かな国といわれるようになった。その一方では、社会全般に至るモラル面での著しい低下が叫ばれていることも確かである。そこにはいろいろな要因が考えられるが、ここで詳しく触れるつもりはない。ただ「自由」を悪用した結果、金儲け至上主義の社会が出来あがってしまった感がある。儲けるためだったら手段を選ばないというような人間ばかりが目立ちすぎるのかもしれない。法律の目をごまかしたり、違法すれすれの手法を使い、人間の弱い部分や本能を刺激して理性を麻痺させてしまう。

そうして儲けた金は、社会福祉や貧困で苦しんでいる国々への援助などにはほとんど向けられていない。むしろ、あくなき快楽の追求のためと言える。いい例が、海外研修などの名目で半ば公然と行われている売春ツアーである。近隣諸国のあちこちで報告されているいわゆる日系二世の孤児たちの実体を考えると、倫理道徳など吹き飛ばされてしまっているとしか言いようがない。

子どもたちの間で、モラルが急激に低下しはじめたのは、あのロッキード事件以後であると私は感じている。国内に隅々まで隈無く行き渡ったテレビなどのメディアを通じて、こと細かくしかも、連日連夜繰り返し報道されていた。

「記憶にございません」

「私は一切関知しておりません」

マスコミのそれは、明らかに証人たちが偽証していると断定したかのような論調であった。そしてロッキード事件に続き現在に至るまでに似たような大事件が連続して起きている。このような状況が子どもたちに悪影響を及ぼさないはずはない。しかも、ほとんどの事件がすっきりした解決を見ていない。

更に、関係者が謝罪する姿を見ることなど皆無と言っていい。かりに謝ったとしても、それは関わった事を認めて謝罪するのではなく、疑いをかけられたことが、不徳の為すところで申し訳ないと言った類のものである。

責任の所在でさえ、うやむやのうちに置き去りにされてしまっている体質は、子どもたちの間に、とことん言い逃れをする傾向として現れた。ウソで固めてでも自分を守ろうとする現実が出来上がってしまったのである。

先に述べたような社会環境は、人間の尊厳を傷つけ、人間の品位を低下させる結果となった。いじめは当然の成り行きとして見るべきであろう。いじめ事件が起きても、いじめそのものが本当にあったかどうかさえよくわからないと言うことは、まさに社会の現実と表裏一体を為しているといえるだろう。

(五)

私がもう一つの原因と考えているのが中絶の問題である。厚生省（現厚生労働省）の統計によると、九十年代に入ってもまだ一年間の中絶件数は四十万件を越えている。実数はその約三倍と言われているので、年間一〇〇万件をはるかに越える胎児殺しが行われているのである。

十年ぐらい前だったと思うが、ＮＨＫ教育テレビで、ある女性レポーターが、日本の女子高校生の中絶件数がついに四万件を越えましたと報告していた。年若いしかも結婚とは無関係な少女たちの間でさえ、そこまで性の乱れが広がっているということに驚かされた。

ちょうど同じ頃、近くのマンモス女子校の生徒指導部の教師が「先日警察署から、君の学校の生徒は中絶が多すぎると警告を受けまして……」と深刻な顔で私に話してくれたことも思い出す。

私は、中絶ほどひどいいじめは他にないと思っている。逃げようにも逃げられない胎児が、サインを送ることさえ不可能な状態で処理されている事実を、細かく説明する必要もないだろう。厚く温かく保護されなければならないはずなのに、愛のひとかけらさえももらえずに闇から闇に葬り去られてしまっているのである。

どんな理屈を付けようと、それを正当化する理由は出てこない。高校の保健の教科書の中で取り上げられている中絶などに関する内容は、母胎の健康と中絶に伴う精神的苦痛に関するものであって、胎児の生命の問題ではない。

かつて大罪であったことが、戦後の「自由」の解釈の行き過ぎのため、法律によって正当化され、人間の良心の声さえも消してしまったと言わざるを得ない。

こうしたモラルの低下は、子どもたちの間に、おもしろいこと、楽しいこと、更にかっこいいことや見た目にきれいなものなどが善であり、そうでないものは悪であると言うような短絡的な価値判断の基準が定着してしまったようである。

路上生活者の撲殺事件などは、面白いからやったことであり、いじめもおもしろいことの中の一つなのである。身体の不自由な人や不細工な人間は、かっこ悪い汚い臭いと嫌悪される。ひと味違った人格の持ち主は、変な人として除外しようとする傾向が強くなってしまった。従っていじめ、特に弱い者いじめは、今後更に深刻化してゆくだろうと思われる。

（六）

今年一月三十日付で、文部大臣による「かけがえのない子どもの命を守るために」という緊急アピールが出された。いじめている子どもたち、いじめられている子どもたちも含めた全国の子どもたちや、親、教師そして地域の人々皆に向けて、切々といじめがいけないこと許されないことを訴えている。学校では校長が先頭に立ち、教師たちは現下の最大の課題として取り組むよう求めている。異例のことである。それだけに、いじめの深刻さがどれほどかも理解できる。しかし、残念ながらその文章の中では、いじめがなぜいけないのか、なぜ許されないことなのか、その根拠については何も言及していない。

教育から神さまを追放した結果、なぜいじめが悪いのか理由を示すこともできないのであろう。公的教育機関の限界であり悲しさでもある。

人間社会に求められている本来のあるべき姿を実現させるためには、宗教的価値観の再構築以外にないものと私は思っている。その意味で、私たちキリスト者の責任は重いと言わなければならない。

かつて、イスラエルの民が流浪の旅の中で混乱し、人の道さえも見失いそうになったとき、神さまが与えてくださった「十戒」の心を、今こそ私たちも取り戻さなければならない。十戒の中に家族がどうあるべきなのか、人と人との関わりの基本は何なのか具体的な教えが示されている。子どもであっても十戒を通して神さまに対する畏敬の念を育み、神さまの似姿として創られた人間の尊厳を学ぶことができる。

十戒は、人間が自由にそして幸せに生きるために神さまから示された確かな道標であり、愛のメッセージなのである。

東日本大震災に思う

〔聖母の騎士〕二〇一一年五月号　掲載

長崎県五島列島の海に面した寒村生まれの私たちは、戦後のひどい貧しさの真っ只中で小学校に入学した世代であり、子どもなりに自然の山や海と深く関わって生きていた。道端の野イチゴや山ブドウなどは、どこでいつ頃食べられるのかも良く知っている程であった。

特に、潮がひいた海岸では、簡単に各種貝類を見つけることができ、小石で殻を割り海水で洗って食べると、いくぶん空腹を和らげることができていた。そんな時、大人たちから言われていた言葉を今でも覚えている。「普段見たこともないような潮の引き方を見たら、海に近づかず山の方に逃げなさい。」津波の恐ろしさを代々伝え聞いていた言葉であろう。

今回、くり返しテレビで映し出されている津波の凄まじさを見て、これほどの事が起きるものであろうかと驚嘆している。言うべき言葉もなく、ただ、何とか早く被害の事態を把握し、助けられる命を一つでも救って欲しいと願うだけである。出来ることなら現地へ飛び、何らかの支援活動に加わりたいという衝動に駆られる事もあるが、実際は、何をどう整理したらいいのか、まだ自分の内部の動揺さえも十分に抑えることが出来ないでいる。

私は四十年あまりもカトリックの司祭として聖職の道を歩んできた。高校二年生の時、約五〇〇名の方が亡くなるという大きな水害も近くで体験した。そして、今回のような信じられない出来事を前にして、ヨブが一度に子どもたち全員を亡くしたことを聞いた時「わたしは裸で母の胎を出た。裸でそこに帰ろう。主は与え、主は奪う。主の御名はほめたたえられよ。」（ヨブ記一、二一）と、唱えられるような信仰を持っていない。しかし、どんな事があろうと、私たちには、神さまを恨んだり呪ったり、また希望をなくしてしまう理由にはならないことは確かだ。それがカトリックの信仰が教えるところである。

暖かい陽光や爽やかな風、のどかな風景だけが自然の恵みではないのだ。今回の巨大地震のような、とてつもないエネルギーが私たちの住む地球に存在することを知ることも、お恵みの一つであると言えるかも知れない。日頃まったく意識しないで呼吸し、陽だまりの中で仲間と語り合い、大地や太陽のお恵みの中で育った作物を頂いていることも、実は計り知れない自然のエネルギーのお陰なのである。

様々な地道な研究のおかげで、私たちは自分たちの住んでいるこの地球についても、かなり知識として分かってきたものがある。しかし、何億年という想像を超えた時間の経過の中で、絶えず動き活動を続けている地球について、私たちが知りえた部分はほんの一部にすぎないと思う。人類が地上に存在し始めてからの時間も一瞬に過ぎないからである。

大事なことは、日本という島に住んでいる私たちは、東北であれ九州であれ、同じ船上に乗り合わせているにすぎない。だとしたら、今は、船上のすべての人が、一刻も早く力を合わせ、水や食糧にも事欠き、寒さに震え苦しんでいる方々に、必要な支援をすることに全力を傾けなければならない時である。地震発生から五日も経つのに、誰にも連絡すらとれず、助けを求めている方々のニュースには胸が締め付けられる。

人を思いやる心で為された行為は、たとえ小さな事であったとしても、受ける側にとっては、大きな喜びとなり希望へと繋がっていくものだ。その様なつながりが絆となって無数に広がれば、やがていつの日か今回の大きな悲しみを超え、失った貴い人命や高価な財産を凌ぐものを手にすることが出来るかもしれない。

「あなたを破壊したものは速やかに来たがあなたを建てる者は更に速やかに来る。あなたを廃墟とした者はあなたを去る。」（イザヤ四九、一七）この言葉が何を意味しているのか学問的なことは知らない。しかし、不思議にこのような時に思い出すのである。

「女が自分の乳飲み子を忘れるであろうか。母親が自分の産んだ子を憐れまないだろうか。たとへ、女たちが忘れようともわたしがあなたを忘れることは決してない。見よ、わたしはあなたをわたしの手のひらに刻みつける。」（イザヤ四九、一五、一六）このような呼びかけに秘められた神さまの愛の心を疑う理由を、私はどうしても見つけることができないのである。

ただ、地震や津波のひどいニュースを見ている時の悲しい気持ちと、原発の事故の様子を聴く時の気分が全然違っていることは、どうした事なのだろうか。ともあれ、亡くなったすべての方々のご冥福を祈るとともに、被災された方々一人ひとりに、一日も早く平和な日々が訪れるよう願うばかりである。

三月十六日記

あとがき

二十四年前、司祭叙階銀祝を記念して「石蕗の詩」を自費出版で出した。友人たちや家族に、〝こんな体験をしましたよ〟と知ってもらうためだった。しかし、思った以上に反響があり、十一刷も印刷することになった。大切な子どもを事故で亡くされた家族の話や、数十万人に一人という難病の子どものことなど、無関係ではいられない事柄に共感していただいたものと思う。二〇一七年には、叙階五十周年を迎えることになり、続編を求める声があった。

司祭として五十年も生きて来られたという事は、大きなお恵みだと思っている。いろんな活動の中で、今回題名とした「風花の丘」は、日本二十六聖人殉教四〇〇周年記念に、学園劇のために書いたシナリオである。当時日本では、中学生によるいじめ事件や自殺が問題になっていた。特に愛知県で起きた十四歳の中学二年生大河内清輝君の遺書は、多くの人たちが心を動かされる内容だった。心やさしい少年が、大金を脅し取られた上に、執拗にいじめを繰り返していた側への恨みの言葉ではなく、「十四年間、本当にありがとうございました。僕は旅立ちます」との、感謝の言葉を家族に残して命を絶った事件である。

日本二十六聖人の中に、十二歳のルドビコ茨木、十三歳のアントニオ、十四歳のトマス小崎という、中学生と同世代の少年聖人たちがいる。秀吉の命で殺された彼らを中心とした劇にすれば「いじめはいけませんよ。自殺はダメですよ！」と言わなくても、命の問題に対して何かを訴えられると思った。そして、この問題は教育に関わる者として避けてはならない課題であるとも考えていた。

二〇一五年は、永く続いたカトリック信徒迫害の中、息をひそめて逞しく生き続けていた「信徒発見」から一五〇年目に当たっていた。その記念の一環として「津和野」を上演したこともあり、シナリオを載せることにした。「石蕗の詩」の感想文と「風花の丘」出演の生徒たちの感想文や、数点のエッセイ及び寄稿文などを掲載しているが、このようなものは本来は自費で出版すべきものであろうが、聖母の騎士社のご厚意に甘えさせて頂くことになった。

司祭叙階以来、五十年間も教育に関わってきた。子どもたちの姿には大人社会の実相が映し出されていると確信している。「聖職者」として神さまや聖母マリアさまに仕える立場である私たちの責任はとても大きく重いと言える。教会に魅力を感じられないから、若者たちは集まって来ないだけでなく、むしろ離れているのが現状である。原点に立ち帰って、愛そのものである神さまの、真の魅力あふれるお姿を伝えることができる事を願っている。

最後に、二十六聖人たちの清らかな魂を風花の輝きに重ね、斬新な表紙をデザインして下さった本学園副校長吉田博愛先生をはじめ、今回もかわいらしいカットを提供してくださった高田恵子さん、そして拙著を手にするすべての方々の上に、神さまの豊かな祝福を祈る次第である。

崎濵宏美（さきはま・ひろみ）
1940年 長崎県五島生まれ。
1959年 聖母の騎士高等学校卒業。
1963年 聖ボナベンツラ神学院哲学科終了。
1967年 司祭叙階。
1968年 上智大学神学部卒業。
1968年～1991年3月まで、西宮市・仁川学院勤務。
1991年4月 長崎へ転任。

2016年現在 学校法人 聖母の騎士学園 理事長

風花の丘 ［かざばなのおか］
崎濵宏美

2016年12月25日　第1刷発行

発　行　者●赤　尾　満　治
発　行　所●聖母の騎士社
〒850-0012 長崎市本河内2-2-1
TEL 095-824-2080/FAX 095-823-5340
E-mail: info@seibonokishi-sha.or.jp
http://www.seibonokishi-sha.or.jp/

製版・印刷●聖母の騎士社
製　　　本●篠原製本（株）

Printed in Japan

ISBN978-4-88216-373-2 C0116